Compreendendo o seu CHA

Dados Internacionais de Catalogação na Publicação (CIP)
(Câmara Brasileira do Livro, SP, Brasil)

Resende, Enio
  Compreendendo o seu CHA : conheça o perfil de competências, habilidades e aptidões de seu cargo ou profissão / Enio Resende. – São Paulo: Summus, 2008.

  Bibliografia.
  ISBN 978-85-323-0415-5

  1. Aptidões 2. Carreira profissional – Desenvolvimento 3. Competências 4. Habilidades básicas 5. Profissões I. Título.

07-9638   CDD-650.14

Índice para catálogo sistemático:

1. Competências, habilidades e aptidões:
Desenvolvimento profissional: Administração   650.14

EDITORA AFILIADA

Compre em lugar de fotocopiar.
Cada real que você dá por um livro recompensa seus autores
e os convida a produzir mais sobre o tema;
incentiva seus editores a encomendar, traduzir e publicar
outras obras sobre o assunto;
e paga aos livreiros por estocar e levar até você livros
para sua informação e seu entretenimento.
Cada real que você dá pela fotocópia não autorizada de um livro
financia um crime
e ajuda a matar a produção intelectual de seu país.

ENIO **R**ESENDE

Compreendendo o seu CHA

Conheça o perfil de
Competências, **H**abilidades e **A**ptidões
de seu cargo ou profissão

administrador • advogado • agrônomo • arquiteto • ator
assistente social • auditor • cirurgião-dentista • contador
economista • enfermeiro • engenheiro • especialista em RH
especialista em TI • especialista em vendas • farmacêutico
fisioterapeuta • geólogo • jornalista • médico • nutricionista
professor • psicólogo • químico • secretária executiva • sociólogo

summus
editorial

COMPREENDENDO O SEU CHA
Conheça o perfil de competências, habilidades e aptidões de seu cargo ou profissão
Copyright © 2008 by Enio Resende
Direitos desta edição reservados por Summus Editorial

Editora executiva: **Soraia Bini Cury**
Assistentes editoriais: **Bibiana Leme e Martha Lopes**
Capa: **Acqua Estúdio Gráfico**
Projeto gráfico e diagramação: **Acqua Estúdio Gráfico**
Impressão: **Sumago Gráfica Editorial Ltda.**

Nota do autor – Apenas por uma convenção da língua portuguesa, adotei a grafia das profissões no masculino (exceto para a profissão de secretária executiva, que notoriamente é exercida por mulheres).

Summus Editorial
Departamento editorial:
Rua Itapicuru, 613 – 7º andar
05006-000 – São Paulo – SP
Fone: (11) 3872-3322
Fax: (11) 3872-7476
http://www.summus.com.br
e-mail: summus@summus.com.br

Atendimento ao consumidor:
Summus Editorial
Fone: (11) 3865-9890

Vendas por atacado:
Fone: (11) 3873-8638
Fax: (11) 3873-7085
e-mail: vendas@summus.com.br

Impresso no Brasil

Agradecimento

Agradeço carinhosamente a Sabrina Pagliuse,
ao casal Marta Gomes Negri e Sérgio Negri,
e também a Luciana Soares Fonseca,
pela pronta e interessada colaboração dada
à construção deste livro.

Sumário

Introdução 11

1 Por que agora se fala tanto em competências e habilidades das pessoas e das organizações? 15

2 Diferenciando os conceitos de *competência, habilidade* e *aptidão* 20

3 Como cuidar do meu autodesenvolvimento? 28

4 Os elementos que compõem o perfil moderno de um cargo ou profissão 31

5 Classificação das profissões do ponto de vista da semelhança de exigência de competências 37

6 Sobre a avaliação de competências nos testes e processos de seleção de pessoal 41

7 Os benefícios de conhecer as competências da sua e de outras profissões 44

8 Os perfis de competências de 26 cargos
e profissões 47
Administrador ou administrador de empresas.............. 54
Advogado 59
Agrônomo... 64
Arquiteto... 70
Ator... 76
Assistente social.. 81
Auditor.. 86
Cirurgião-dentista... 92
Contador 98
Economista 103
Enfermeiro 109
Engenheiro 115
Especialista em RH ou gestão de pessoas 121
Especialista em TI... 129
Especialista em vendas 134
Farmacêutico... 139
Fisioterapeuta.. 144
Geólogo 149
Jornalista 154
Médico 160
Nutricionista... 166

Professor 171
Psicólogo 177
Químico 183
Secretária executiva 188
Sociólogo 194
Sugestão de exercício de autoconhecimento 199
Bibliografia 205

*A vida profissional é importante demais,
ocupa tempo demais, consome energia demais,
para você se dar ao luxo de não ser muito feliz com ela.*

Adriano Silva

Introdução

Este livro foi inspirado no pressuposto de que, conhecendo e desenvolvendo mais as competências, habilidades e posturas/comportamentos requeridos por suas profissões ou cargos, as pessoas se sentirão mais autoconfiantes, mais interessadas e dispostas a se autodesenvolver como profissionais e como cidadãos, e mais animadas para trabalhar e participar da vida social. Enfim, efetivamente mais felizes.

Quero salientar a importância desta publicação – para todas as pessoas, jovens e adultos –, como apoio e roteiro de desenvolvimento pessoal e profissional, pela seguinte razão: o mundo moderno está mais tecnológico, mais dinâmico e competitivo, e exige mais competências e habilidades das pessoas tanto na vida social quanto no trabalho.

Desenvolver competências é, cada vez mais, uma condição fundamental para alcançar sucesso nos estudos, nos trabalhos, nos investimentos pessoais e organizacionais.

Mais do que um livro convencional, este trabalho pretende ser um manual prático destinado a ajudar as pessoas que atuam nas 26 profissões incluídas nesta publicação a:

i) entender bem o importante conceito e significado moderno de competência;

ii) aprender a reconhecer indícios claros de suas competências e habilidades pessoais e profissionais;

iii) orientarem-se para desenvolver as competências que possuem e também adquirir outras.

O livro compõe-se de alguns capítulos explicativos sobre o significado dos conceitos e sobre a maior valorização da competência na vida social e profissional. Mas sua parte principal – e provavelmente inédita – é a definição das competências de 26 funções e profissões, selecionadas por dois critérios associados: notória utilidade pública e social e/ou quantidade de profissionais nelas existentes. Neste livro, prevaleceram as profissões de nível superior.

Esclareço aos leitores que tive a grata oportunidade de orientar e supervisionar equipes de analistas de RH (ou gestão de pessoas) que levantaram e descreveram os perfis de milhares de funções, desde office boy até diretores, com foco na identificação dos requisitos de competências e habilidades em quase cinqüenta organizações industriais, hospitalares, bancárias, comerciais, empresas de serviços diversos, em usinas de álcool e açúcar e também em empresas públicas, sendo que muitas dessas organizações possuíam avançadas tecnologias e eram de grande porte.

Estou convencido de que este livro evidenciará três importantes objetivos: i) ajudar os jovens a orientar melhor suas carreiras; ii) auxiliar os profissionais que já estão na ativa a cuidar, ainda em tempo, do autodesenvolvimento profissional; iii) de modo especial, contribuir para uma rápida evolução do padrão cultural e técnico do povo brasileiro.

Pode parecer um objetivo pretensioso, porém acredito que as pessoas perceberão se tratar de possibilidades bastante palpáveis.

Permitam-me acrescentar mais uma observação inicial: este livro faz parte de uma quadrilogia, com o tema *competência* focado sobre diversos ângulos, voltados para o desenvolvimento das principais lideranças sociais, das organizações e do país. *Competência* é um tema ainda em evolução, mas que deve ficar gradativamente mais evidente e caracterizar uma época da história (século XXI) como estágio de evolução da era da *eficiência*, como foi o século XX, do ponto de vista do desempenho das pessoas e das organizações.

1

Por que agora se fala tanto em competências e habilidades das pessoas e das organizações?

Em tempos mais amenos, digamos, antes de 1970, o mundo, os mercados, as tecnologias e as organizações evoluíam mais devagar. Havia menos competitividade nos negócios e no mercado de trabalho. A realidade das famílias, das empresas e da sociedade era menos complexa em termos profissionais e de negócios. Exigia menos conhecimentos e menos habilidades das pessoas.

Eficiência já não basta

As empresas não se preocupavam muito com a produtividade; enfatizavam mais fortemente os meios, os processos de produção, e não era raro gastar-se mais tempo e mais dinheiro para fazer as coisas. Não se dava muita importância aos desperdícios. Os clientes eram pouco exigentes, não pressionavam, e as empresas, salvo exceções, não davam tanta bola para eles. Muitos podiam dar-se ao luxo de dizer: "É pegar e pagar, ou largar".

Em tais circunstâncias – quando a atuação nas indústrias e nos serviços focava-se mais nas matérias-primas, nas operações intermediárias e nos processos de execução –, havia uma única referência ou forma de qualificar as coisas ou o desempenho das pessoas e das organizações: *eficiência*.

Pessoas e organizações eram avaliadas por este único parâmetro. Dizia-se que um profissional ou uma empresa eram ou não eficientes; eram muito, mais ou menos ou pouco eficientes. E usavam-se algumas expressões genéricas para avaliar a eficiência, do tipo "acima do esperado", "dentro do esperado" e "abaixo do esperado". Sem explicar ou quantificar o que significava o padrão "esperado".

Nos tempos atuais, essa forma de avaliação não mais satisfaz.

A chegada da era da competência

As coisas mudaram muito nas últimas três décadas. O mundo está cada vez mais globalizado, os meios de comunicação evoluem de maneira impressionante, as tecnologias mudam velozmente, os clientes tornam-se cada vez mais exigentes, e as organizações já perceberam que ser só eficiente não basta.

A presente necessidade de se preocupar com os resultados das atuações e dos produtos mudou significativamente a postura das empresas quanto aos cuidados com as operações, com a produção e com os serviços. Hoje, não importam somente os resultados intermediários de que a eficiência cuidava, mas também os produtos finais.

A exigência de se reciclar e de inovar constantemente, de assegurar resultados em condições mais difíceis e de garantir atendimento às crescentes demandas de quem compra têm obrigado as empresas e os prestadores de serviço, inclusive os profissionais liberais, a mudar sua atuação e conduta.

Por sua vez, as empresas estão mais exigentes e rigorosas na seleção e na contratação de pessoas, as quais precisam tornar-se mais qualificadas, mais preparadas e mostrar uma atuação com mais valores – chamada agora de atuação *competente*.

Ou seja, a competência tem essa característica de abrangência e multiaplicação: precisa estar presente em quem produz, em quem transporta, em quem vende, em quem compra e em quem utiliza; em quem controla as atividades econômicas e sociais, em quem governa e em quem é governado; em quem educa, em quem constitui família... E por aí vai.

Esse argumento ajuda bastante a compreender o alcance da competência.

As implicações dessa nova exigência

Essa nova realidade tem implicações diversas: mudança de mentalidade das organizações, reciclagem dos profissionais, mudança de postura das lideranças etc.

Uma das maiores implicações das mudanças está na gestão das pessoas, na medida em que a competência das organizações se manifesta principalmente pela atuação de seus colaboradores. Eles fazem projetos, organizam, operam, controlam, compram e vendem, relacionam-se com fornecedores e clientes etc.

Falar de competência implica falar de treinamento, educação, desempenho e carreira profissional dos indivíduos.

É importante que todas as pessoas que trabalham e precisam ter um comportamento social adequado, procurem se familiarizar com as exigências de competências e habilidades que lhes serão mais claramente exigidas doravante, e que procurem também formas de adquiri-las, de desenvolvê-las.

O objetivo deste livro é fornecer uma orientação objetiva e bem didática a fim de que os profissionais das profissões e funções citadas se orientem para adquirir e aperfeiçoar suas competências, ficando mais capacitados a disputar as melhores oportunidades de trabalho. Além de aumentar suas clientelas, quando se tratar de profissionais autônomos, e também de empresas.

2

Diferenciando os conceitos de *competência*, *habilidade* e *aptidão*

Vejamos agora os conceitos modernos, hoje desdobrados e ampliados, de *competências*, *habilidades* e *aptidões*. Muitas vezes, usa-se apenas a palavra competência para se referir aos três. Mas existem diferenças entre esses elementos – tanto que se criou a sigla CHA –, e é bom que saibamos quais são elas.

Competência

Constitui-se das capacidades das pessoas e das organizações relacionadas com *domínio* e *aplicação de conhecimentos*. Podemos dizer também que se refere a *know-how* ou *expertise* (domínio de um assunto).

Desse modo, cada especialista de engenharia, medicina, química, ou em telecomunicações, tecnologia de informações, ou cada técnico industrial, administrativo, de vendas etc. aplica numerosas competências de conhecimento específicas de sua atividade.

Em outras palavras, todas as profissões (advocacia, enfermagem, por exemplo), cargos (contador, tesoureiro, técnico de laboratório), funções (direção, assessoria) e atividades (representação comercial, atividades financeiras) requerem competências específicas, ou *saber fazer*.

Se nos dermos ao trabalho de identificar as competências de todos os cargos e funções das empresas (e eu tive a oportunidade de fazer isso em dezenas delas) dos mais diferentes ramos de atividades, vamos descobrir que existem *milhares de competências aplicadas nas organizações*. Na Embraer, por exemplo, uma equipe de analistas e eu identificamos mais de vinte mil competências e habilidades em cerca de 1.100 postos de trabalho que compunham, na época, aproximadamente 350 cargos.

À medida que surgem novas atividades, funções e profissões, elas podem requerer novas competências técnicas e operacionais. Não há limites para competências desse tipo.

Alguns exemplos de competências: *saber elaborar projetos de engenharia, saber diagnosticar defeitos em motores, saber consertar telefones celulares, saber liderar reuniões, saber redigir bula de remédio com clareza, saber dar* feedback, *saber fazer churrasco, saber dirigir carretas, saber identificar espécies de plantas, saber tratar bem os clientes* etc., e existem muitas outras aplicadas por centenas de profissões e milhares de funções operacionais.

Entretanto, como não somos estudiosos do assunto, há razão para nos preocuparmos com quantidade e variedade de competências. Apenas com as nossas trinta, cinqüenta ou oitenta. É importante conhecer o assunto o suficiente para entendermos as diferenças entre as pessoas.

Quem sabe não seria bom se professores, chefes, analistas de comportamento, jornalistas ou juízes, por exemplo, conhecessem e soubessem distinguir um pouco mais as competências das pessoas?

Habilidade

Já as habilidades ocorrem em número mais limitado, embora sejam também permanentes. Isto é, a sua quantidade não muda em conseqüência da evolução do conhecimento e das tecnologias. A habilidade destina-se a qualificar formas ou maneiras mais permanentes de aplicar conhecimentos, ainda que diferentes; corresponde mais ou menos a um *adjetivo*. A habilidade de ser *ágil*, por exemplo, pode ser aplicada à ação de uma pessoa, a uma decisão, a uma forma de raciocínio etc.

Uma mesma habilidade pode referir-se a diversas profissões e ações, em qualquer tipo de organização ou situação de vida, como no trabalho, nas artes, nos esportes, nas brincadeiras. Aliás, nos três últimos aplicamos tanto ou mais habilidades e aptidões do que conhecimentos técnicos (como veremos a seguir).

De forma bem simples, podemos definir habilidade como uma maneira melhor de agir, de aplicar conhecimentos, expressar-se e fazer as coisas.

Alguns exemplos de habilidades: *ter pensamento ágil, facilidade para aprender e para fazer cálculos, ter senso prático e estético, presença de espírito, saber ouvir e impor respeito, saber levar na brincadeira e prender a atenção do público*, entre outras.

Reparem bem que estamos falando de uma *melhor forma* de pensar, entender, agir, atuar etc. Os melhores jogadores de futebol são aqueles com maior habilidade de lidar com a bola e de criar lances em diferentes situações do jogo. Os melhores vendedores são aqueles que se distinguem por serem mais corretos e atenciosos nas atitudes com os clientes.

Aptidão

É o único elemento dos três componentes da competência – no sentido amplo – que é inato, que se "nasce com". Ou seja, já nascemos com as aptidões. Ou pelo menos com a tendência ou vocação para tê-las. Somente as aptidões são herdadas, naturalmente, dos nossos pais ou avós.

> É bom termos isto em mente: conhecimentos e habilidades são adquiridos ou desenvolvidos após o nascimento. Aptidões são geneticamente herdadas e depois desenvolvidas.

As aptidões se dividem em três tipos:

Mentais: inteligência abstrata, raciocínio lógico, raciocínio espacial, memória etc.

Emocionais: alegria, saudade, compaixão, amor, empatia etc.

Físicas: visão, olfato, energia, sensibilidade tátil, reflexo, resistência à fadiga etc.

Cabe dizer ainda que, com treinamento intensivo, as aptidões podem ser desenvolvidas. As pessoas que estudam mais ou tem maior experiência de vida tendem a desenvolver mais as aptidões. Isso acontece sem que percebamos.

E vejam que interessante: aptidões desenvolvidas se transformam em habilidades. Malabarismo corporal é um exemplo de habilidade resultante de um aperfeiçoamento de aptidões físicas. Agilidade mental provém do exercício de raciocínio.

Conduta

Há ainda uma quarta categoria: a conduta, que se diferencia dos componentes do CHA por ser a que mais se caracteriza como comportamento. É, dentre as manifestações das pessoas, a que depende só do *querer*, da *vontade*. Não depende do *saber fazer*. É importante nos acostumarmos com a diferença de *querer* (vontade) x *saber* (resultado de aprender).

Notem a importância disto: no que diz respeito à conduta, podemos igualar um doutor a uma pessoa de nível primário. Ambos podem ser igualmente *honestos*, *pontuais*, *responsáveis*, *colaboradores*, *leais*, por exemplo.

Conduta é, portanto, uma atuação consciente das pessoas. Resulta de uma decisão pessoal de agir; por isso, é a categoria que está mais relacionada com nossos princípios e comportamentos éticos e morais.

Existem outras formas de conduta, além das mencionadas anteriormente: *seriedade*, *comprometimento*, *dedicação*, *assiduidade*, *imparcialidade*, *justiça*, *respeito a leis e princípios* etc.

A respeito do desenvolvimento dessas competências

Dentre os três potenciais citados (que compõem o CHA), o que pode ser desenvolvido mais facilmente é a *competência* (domínio de conhecimentos). Somos capazes de aumentar nossos conhecimentos e nos tornarmos especialistas durante mais de dois terços de nossa vida.

No entanto, o potencial que tem menor chance de progredir nos adultos são as aptidões. As aptidões mentais desenvolvem-se mais nos primeiros anos de vida, até os 7 ou 8 anos; as físicas, até a adolescência, razão pela qual formação e educação básicas ocorrem nessas fases. E razão muito importante para que pais e educadores fiquem atentos à educação infantil e juvenil.

As habilidades podem ser desenvolvidas a qualquer tempo, mas isso depende muito de exercícios práticos continuados. Os atletas, por exemplo, realizam treinos e esforços maiores para desenvolver habilidades.

Quanto aos conhecimentos, não há limite de tempo e de idade para ampliá-los e desenvolvê-los. Podem ser ampliados até na velhice.

3

Como cuidar do meu autodesenvolvimento?

Após conhecer, com a ajuda deste livro, os requisitos para se tornar mais qualificado, capacitado e competente na sua profissão, o que o leitor pode e deve fazer, por iniciativa própria, para cuidar do seu autodesenvolvimento?

No que se refere à obtenção de conhecimentos e qualificações técnicas, o caminho é fazer cursos básicos e profissionalizantes. Sabemos, porém, que nenhum curso básico pode nos fornecer todos os conhecimentos necessários ou desejáveis. E esta é uma das razões pelas quais devemos participar de cursos ou programas complementares de aperfeiçoamento (cursos rápidos, seminários, congressos etc.), especialização, pós-graduação, mestrado e doutorado.

Os cursos de pós-graduação surgiram em razão da necessidade de complementar os cursos de formação, que não conseguem acompanhar a evolução dos conhecimentos e das tecnologias. Os de mestrado e doutorado são voltados principalmente a preparar profissionais para funções que requerem especialização mais profunda, além de formar os cientistas em cada ramo de atividade.

Para atualizar a educação e desenvolver competências e habilidades, no entanto, as escolas ainda não estão preparadas. A valorização das competências e habilidades é uma exigência moderna, fruto da era da competitividade. Levará algum tempo até que as entidades de ensino se estruturem para isso.

O que fazer, então?

As pessoas podem cuidar satisfatoriamente do autodesenvolvimento de suas competências e habilidades. O primeiro passo é conhecer o perfil da profissão e os requisitos exigidos. O objetivo central deste livro é mostrar isso em relação a 26 profissões consideradas prioritárias por um grupo de pessoas das minhas relações pessoais e profissionais. Forneci-lhes uma relação de 35 profissionais e pedi-lhes que indicassem 25. Ao final, julguei por bem acrescentar a profissão de secretária executiva.

Com as informações do perfil, que veremos a seguir, os interessados deverão buscar informações e caminhos para as questões:

1 O que e como desenvolver-se por conta própria?
2 A quem recorrer para obter ajuda/apoio/orientação?

4

Os elementos que
compõem o perfil
moderno de um cargo
ou profissão

É muito bom nos familiarizarmos com a idéia ou conceito de perfil do cargo ou da profissão em que atuamos. Isso ajuda a nos orientarmos melhor em relação a nosso desenvolvimento pessoal e profissional, tendo em vista a carreira, e também no que diz respeito ao comportamento social, pensando em nossa qualidade de vida.

Essa familiarização terá maior significado e utilidade quanto melhor ampliarmos e organizarmos o perfil do nosso cargo ou profissão. Aqui vai um roteiro objetivo e prático para isso.

Título

Os títulos das principais profissões são universais; são os mesmos em qualquer lugar e já estão consagrados (é o caso de médico, professor, advogado).

Já os títulos de cargos adotados pelas empresas são menos universais. Costuma haver mais variação de nomenclatura entre tipos de organização e entre diferentes regiões. Mesmo assim, como quase tudo, eles também tendem a se tornar universais. Exemplos: auxiliar de escritório, recepcionista, operador de guindaste, motoqueiro.

No que se refere às profissões de nível médio e operacional, muitas empresas costumam adotar títulos próprios, mesmo quando a profissão tem um nome praticamente oficial. Como é o caso de torneiro e frezador, que muitas empresas chamam de operadores de máquinas de usinagem, até para adotarem a idéia de rodízio de cargos, ou a idéia moderna de "multifuncionalidade".

As profissões de agrônomo, médico, engenheiro, psicólogo, jornalista, advogado, professor, entre outras, já são naturalmente multifuncionais.

Formação e aperfeiçoamento escolar

Tendo em vista o fato de que o aprendizado obtido nos cursos tende, com a rápida evolução dos conhecimentos, a ficar obsoleto, pelo menos em parte, exigindo constante reciclagem, e tendo em vista que – mesmo sem considerar a obsolescência – os conhecimentos crescem e evoluem, deve-se colocar no perfil dos cargos as indicações não só de *formação*, mas também de *complementação escolar*. Está ficando quase obrigatório fazer cursos de pós-graduação, especialização e/ou mestrado.

Treinamentos e aperfeiçoamentos complementares

Tem muito que ver com o item anterior, mas merece destaque. Para muitas profissões e funções, são aconselháveis treinamentos complementares que contribuam para o aumento da competência do profissional.

Engenheiros, por exemplo, devem fazer cursos de liderança (inclusive de reuniões), já que, na maioria de suas variadas funções, acabam se tornando líderes de alguma forma.

E cabe lembrar também que é crescente a exigência de conhecimento ou do domínio de línguas estrangeiras em muitos cargos e profissões.

Experiência

Ao contrário do que muitos fazem, a experiência não deve ser indicada apenas no que se refere aos anos de formação ou de trabalho efetivo. Por exemplo, no mercado exige-se curso de agronomia e cinco anos de experiência. Essa é uma informação vaga e que não quer dizer muita coisa. Pessoas diferentes podem se desenvolver mais ou menos e adquirir mais ou menos experiência em cinco anos.

Pode-se indicar um tempo provável, aproximado, para se adquirir a experiência requerida, mas deve-se principalmente indicar que tipos de conhecimentos e competências práticas as pessoas precisam ter adquirido, no período considerado, como requisitos mínimos ou desejados.

Atribuições ou tarefas

As descrições ou perfis de cargo têm como uma de suas partes fundamentais a indicação das atribuições ou tarefas a serem desempenhadas por quem o exerce. Constitui um roteiro de atuação e uma definição de responsabilidades de trabalho.

Esta é a parte mais ampla e importante das descrições de cargos tradicionais. Com a evolução das práticas de gestão de pessoas, especialmente da gestão por competências, verifica-se que as descrições de cargos precisam conter mais informações a fim de que sejam mais úteis como instrumento de referência e orientação.

As descrições de cargos tradicionais, que contêm apenas tarefas, mostraram-se pouco úteis. Muito genéricas, davam margem a imprecisões de orientação e subjetividade na avaliação de desempenho das pessoas.

Para aprimorar as descrições de cargo, além de descrever melhor os indicadores anteriormente mencionados, foram introduzidas informações a respeito das *competências*, *habilidades* e *aptidões* requeridas de seus ocupantes.

Competências, *habilidades* e *aptidões* são, portanto, as informações mais importantes do novo conceito de perfil de cargo – ferramenta ou roteiro fundamental para favorecer uma competente gestão de pessoas. No capítulo anterior já falamos bastante sobre elas.

Comportamentos

Esta é outra informação que vale a pena colocar nas descrições ou perfis de cargo: quais são os comportamentos ou condutas exigidos das pessoas que ocupam os cargos.

Faz parte da tradição das organizações requerer que os empregados cumpram regras de comportamento no trabalho, como pontualidade, senso de responsabilidade, atitudes de colaboração, formas especiais de dedicação, entre outras já citadas anteriormente. Pois é bom que elas estejam descritas no perfil do cargo, não só como forma de orientação aos selecionadores de pessoal, às chefias e aos próprios profissionais, mas também para ficar como registro, uma vez que a descrição de cargo pode valer como documento contratual.

Outras informações

As descrições ou perfis de cargo podem conter outras informações, como: horários, turnos e plantões de trabalho; exigência de roupas e equipamentos especiais; necessidade de viagens, entre outros.

5

Classificação das profissões do ponto de vista da semelhança de exigência de competências

Reforçando uma idéia importante

O que faz um médico, dentista ou advogado tornar-se e manter-se famoso? O conjunto de diplomas que prega na parede ou coleciona? Ou é o resultado de seu aperfeiçoamento e de sua atuação efetiva no trabalho? E o que garante que tenha boa atuação?

Depois do advento e propagação do moderno conceito de competência, vai ficando mais claro aquilo de que antes apenas desconfiávamos. Para se ter bom desempenho na profissão, é necessário, antes de tudo, saber aplicar bem os conhecimentos e habilidades adquiridos também na experiência, obtendo bons resultados na atuação.

Outra forma de classificar as profissões

Eis mais uma maneira interessante de ver as diferentes profissões: classificá-las segundo as características de maior ou menor aplicação de determinados tipos de competências. Isso interessa para duas finalidades principais: seleção de pessoal pelas empresas e auto-orientação profissional das próprias pessoas.

Cabe observar que se destaca aqui a ênfase em diferenciados aspectos do trabalho ou da profissão.

Profissões ou cargos que exigem destacadamente mais capacidade de estudo e mais aplicação de conhecimentos técnicos: Pesquisadores e cientistas em geral, escritores, redatores de livros técnicos, químicos, botânicos, antropólogos, economistas, arquitetos etc.

Profissões que exigem muitas competências de relacionamento: Lideranças em geral, políticos, recreadores, instrutores, animadores de programas, vendedores etc.

Profissões que exigem uma combinação de domínio de técnicas com competências de apresentação e/ou relacionamento: Professores, advogados, engenheiros, gerentes técnicos em geral, profissionais de RH etc.

Profissões que requerem especial aplicação técnica e metodologias organizacionais: Contadores, especialistas em TI, analistas organizacionais, auditores etc.

Profissões que exigem muita empatia, além de aplicação técnica: Psicoterapeutas, médicos, enfermeiros, dentistas, técnicos de equipes de esportes, cabeleireiros etc.

Profissões que requerem muita visão de realidade, de tendências e espírito empreendedor: Empresários e dirigentes em geral.

Essa classificação não pretende ser uma referência rigorosamente técnica. Trata-se apenas de um argumento a mais para abrir novos horizontes na visão do mundo profissional.

6

Sobre a avaliação de competências nos testes e processos de seleção de pessoal

Desde muito cedo se procurou criar testes para avaliar habilidades e aptidões intelectuais e de personalidade nas pessoas. Esses testes, contudo, mostraram uma utilidade apenas relativa. Seus resultados nunca chegaram a ser inteiramente satisfatórios, por várias razões: de um lado, porque são predominantemente projetivos e, portanto, muito abstratos – e o que é abstrato dá margem a interpretações. De outro lado, porque as pessoas mostram variadas formas de personalidade e mudam de comportamento como conseqüência de diversos fatores internos e externos.

Tanto é que os especialistas em seleção, de visão moderna e mais criteriosos, aplicam um ou outro teste apenas como referência, em alguns cargos ou profissões específicos, mas se baseiam principalmente – nos processos de seleção – nas referências e antecedentes profissionais, nas entrevistas individuais ou na observação das manifestações das pessoas em dinâmicas de grupo.

O maior valor dos métodos e testes de avaliação de conhecimentos reside no fato de serem objetivos e seguros. Para determinados tipos de seleção, especialmente no caso de cargos técnicos e operacionais, a seleção por comprovação prática de conhecimentos é importante.

A busca de referência sobre comportamento e desempenho, feita de forma cuidadosa e criteriosa, pode ser uma boa forma de avaliação e seleção. De forma cuidadosa porque circunstâncias de trabalho e de vida podem afetar eventualmente a atuação e a conduta das pessoas.

E há outras questões que também precisam ser consideradas na seleção e avaliação profissional das pessoas. No passado, era importante levar em conta a estabilidade no emprego. Hoje, isso não tem tanta importância, já que a permanência dos indivíduos nas organizações não depende tanto deles. As evoluções tecnológicas e o aumento da competitividade, por força da globalização, não garantem mais que uma pessoa permaneça muito tempo em um mesmo cargo dentro das organizações.

Até no Japão, que tanto valorizou a longa estabilidade de emprego, os conceitos e a realidade estão mudando.

No caso da auto-avaliação – fortemente sugerida por este livro –, para não dependermos demasiado de testes e de muito tempo de experiência, vale perguntar às pessoas que nos são próximas (parentes, amigos e colegas de trabalho) quais as competências e habilidades que observam em nós. Quais são os aspectos positivos, ou eventualmente negativos, do nosso modo de ser e agir.

Aliás, é muito positivo aprendermos e nos dispormos a exercitar a autocrítica.

7

Os benefícios
de conhecer
as competências
da sua e de outras
profissões

No próximo capítulo serão apresentados os perfis de competências de 26 profissões ou cargos, escolhidos pelo critério já informado.

O objetivo deste capítulo é chamar a atenção para o fato de que nos interessa conhecer o perfil de outras profissões, além da nossa (ou nossas, já que há quem exerça mais de uma), uma vez que recorremos a elas como clientes ou nos relacionamos com elas profissionalmente.

Todas as pessoas utilizam serviços de médicos, dentistas e educadores; grande parte utiliza ocasionalmente serviços de enfermeiros, advogados e psicólogos; todo mundo assiste à atuação de artistas na TV ou em cinemas; a maioria lê matérias de jornalistas em mídias impressas. Todas são atendidas, em algum momento, por vendedores. E assim por diante.

Se não bastar o argumento anterior, cabe acrescentar que é bom nos tornarmos melhores observadores e analistas do comportamento dos diversos tipos de profissionais na sociedade organizada, para que sejamos mais corretos, ponderados e justos avaliadores de seus comportamentos.

E, como fecho dessa observação, vale dizer que a qualidade da vida social será bem melhor à medida que, de um lado, os próprios profissionais procurem aumentar suas competências, sabendo orientar-se para tanto; e, de outro, os avaliadores e críticos da atuação desses profissionais aprendam a fazer isso de forma mais criteriosa.

8

Os perfis de competências de 26 cargos e profissões

1 O modelo do perfil:

O modelo do perfil profissional, apresentado nas páginas seguintes, foi desenhado especialmente para este livro, tendo em vista o seu objetivo principal de fornecer um inédito roteiro de orientação de desenvolvimento pessoal e profissional.

Este modelo contém os seguintes itens:

Campo de atuação profissional.

Requisitos de competência técnica, formação, domínio de conhecimentos.

Requisitos de competências, ou do saber fazer, do saber colocar os conhecimentos em prática.

Requisitos de habilidades complementares ou reforçadores do saber fazer.

Requisitos de aptidão, que são as características pessoais apropriadas para o exercício de cada profissão.

Indicadores de comportamento emocional adequados para a profissão.

Indicadores de comportamento social que favoreçam o êxito profissional.

Complementando os perfis das profissões, é necessário um questionário para avaliar em que percentual, aproximadamente, você atende aos requisitos de sua profissão.

O modelo de perfil aqui apresentado foi concebido para a orientação profissional. É um pouco diferente dos mais de três mil perfis de cargo que já tive oportunidade de implantar, com equipes de consultores e analistas de pessoal, em algumas dezenas de empresas, de variados portes e ramos de atividades. Para elas, os perfis são bem mais amplos e detalhados, porque têm a finalidade de servir de instrumento de RH ou gestão de pessoas e de ser uma ferramenta de múltiplas utilidades: servir de instrumento básico para orientar recrutamento e seleção de pessoal, programas objetivos de treinamento, desenvolvimento e educação, além de ser referência fundamental na avaliação dos cargos para efeito de remuneração e nas carreiras verticais e horizontais. Enfim, ser instrumento de referência fundamental para as principais tomadas de decisão das empresas na gestão de pessoas.

2 Observações necessárias:

2.1. São consideradas aqui competências, habilidades e aptidões, assim como a atuação, realização ou postura que cada tipo de profissão ou cargo exige das pessoas. Como fica difícil e cansativo mostrar as diferenças – predominantemente técnicas – entre as especialidades das profissões, mostraremos as características e os requisitos comuns a todas as especialidades que compõem a profissão básica.

Os requisitos comuns costumam representar entre 70% e 90% de cada especialidade dentro da profissão. E mais: os requisitos que devem variar são os de conhecimentos técnicos. Pode haver mais semelhança ainda se considerarmos os requisitos de competências operacionais, as habilidades, assim como os comportamentos sociais esperados dos profissionais.

2.2. Pela experiência de muitos anos e em muitas empresas com a introdução dos novos conceitos de competências, habilidades e aptidões, verificamos que muitas pessoas não os têm bastante claros. Em parte por falta de familiaridade com eles, em parte porque a pouca literatura ainda existente não apresenta um padrão mais bem definido para conceituá-los e classificá-los.

2.3. Este livro mostra principalmente o que as escolas, salvo exceções, deveriam desenvolver mais nas pessoas: as competências do *saber fazer* – quase sempre adquiridas na prática. De modo geral, elas se voltam mais a preparar as pessoas no que se refere ao conhecimento das teorias de suas ciências e técnicas. Ou seja, para o *saber saber*.

Essa é a razão pela qual os profissionais procuram fazer estágios no final do curso. Razão também que leva as organizações a indicar o tempo de experiência exigido. E é na experiência prática que as pessoas desenvolvem as competências específicas das profissões mais efetivamente.

Ocorre que, sem uma orientação mais clara e concreta sobre as competências das profissões, as pessoas podem não desenvolver suas capacitações de uma maneira mais completa, como é desejável.

Este livro vem preencher essa lacuna. Mostra de forma bem objetiva, bem abrangente, quais são as competências e habilidades requeridas por muitas das principais profissões. E estimula as pessoas a querer desenvolvê-las por conta própria, ou com alguma ajuda próxima ou mais acessível.

2.4. Os conhecimentos técnicos muito específicos das funções ou profissões não são considerados pelos seguintes motivos: i) eles se encontram nos livros didáticos e em outros materiais das escolas; ii) eles variam de especialidade para especialidade e seu número é muito grande, o que poderia requerer algo parecido com um grande dicionário escrito em letras miúdas. E ainda são passíveis de renovação e mudança.

2.5. Finalmente, é preciso dizer que não há a pretensão de que as descrições dos perfis apresentadas a seguir estejam perfeitas, completas e acabadas. Foi feito um grande esforço para que contivessem o maior número possível de informações úteis. Caso alguém considere conveniente mudar a redação de alguma frase a fim de tornar a característica mais objetiva, ou queira acrescentar algum item que faltou, fica a sugestão e o estímulo para que o façam.

Serão apresentados a seguir os perfis detalhados de vinte profissões exercidas com relação de emprego ou autonomamente, e seis cargos-chave existentes em todas as grandes organizações da sociedade. São eles:

Administrador	Especialista em TI
Advogado	Especialista em vendas
Agrônomo	Farmacêutico
Arquiteto	Fisioterapeuta
Ator	Geólogo
Assistente social	Jornalista
Auditor	Médico
Cirurgião-dentista	Nutricionista
Contador	Professor
Economista	Psicólogo
Enfermeiro	Químico
Engenheiro	Secretária executiva
Especialista em RH ou gestão de pessoas	Sociólogo

Administrador ou administrador de empresas

1 Campo de atuação

Administrador, ou administrador de empresas, é uma das profissões de nível superior com maior quantidade de subespecialidades, tal como médico, engenheiro e advogado. Mas difere dessas três por ser uma profissão relativamente nova – foi regulamentada em 1965. As primeiras teorias que deram origem à ciência da administração remontam ao final do século XIX, tendo Frederick Taylor como seu principal introdutor.

De acordo com as características da profissão de administrador, seus especialistas podem atuar em qualquer ramo de atividade, incluindo indústrias, comércio, bancos, empresas de serviço, agrícolas, hospitais e assim por diante. Isso porque a essência da atividade são as funções organizacionais e administrativas de que todas as empresas precisam – a exemplo das tarefas fundamentais: planejar, organizar, dirigir ou coordenar e controlar. As áreas de atividades consideradas mais específicas do administrador são: gerência administrativa de escritórios e da área de serviços administrativos de qualquer organização; atividades de organização e métodos administrativos em qualquer tipo de empresa ou instituição; atividades de assessoria organizacional também de forma ampla; atividades afins e semelhantes.

2 Competências técnicas (*domínio de conhecimentos*)

As competências técnicas do administrador compõem-se essencialmente de técnicas de administração e organização. Incluem técnicas de gestão administrativa de estruturação organizacional, como organogramas, fluxogramas, layouts; definição de diretrizes, normas e procedimentos organizacionais; técnicas de análise, avaliação (diagnóstico) e estruturação organizacional; de administração de pessoal, abrangendo o domínio de sua legislação específica; e de administração de materiais, entre outros assuntos.

A formação de administrador engloba as matérias: teorias organizacionais e de gestão empresarial; instituições de direito público e privado; administração de materiais; administração de pessoal; noções de contabilidade, finanças e orçamento; matemática; estatística; noções de psicologia organizacional; legislação social, trabalhista e tributária.

3 Competências de atuação profissional (*saber fazer ou atuar, saber aplicar conhecimentos e experiência*)

Possuir visão de conjunto. Capacidade de estabelecer estratégias. Capacidade de definir diretrizes, estruturas e sistemas organizacionais. Saber elaborar conceitos, premissas e pressupostos. Saber elaborar documentos normativos. Capacidade de planejar, estruturar e ordenar ações. Capacidade de coordenar e orientar atividades administrativas e operacionais, inclusive informatizadas. Saber orientar e atuar em equipe. Saber conduzir reuniões de trabalho. Saber definir prioridades de ação. Saber levantar, definir e gerenciar processos. Saber diagnosticar e avaliar situações. Saber localizar, identificar e reunir dados e informações. Saber assimilar e promover inovações. Capacidade para estabelecer correlação entre dados e fatos. Capacidade de representar organizações virtual e graficamente por meio de símbolos. Saber administrar o tempo. Saber cuidar do autodesenvolvimento profissional.

4 Habilidades (competências facilitadoras do saber fazer)

Possuir senso de objetividade. Habilidade para atuar em parceria e em equipes. Habilidade de relacionamento e entrosamento. Habilidade para vender idéias. Capacidade de redigir com precisão, lógica e clareza. Habilidades de comunicação verbal. Habilidades de argumentação e persuasão. Capacidade de racionalização e ordenamento. Demonstrar disciplina metódica. Habilidade para cálculos e projeções. Boa memória para fatos e situações. Saber ser assertivo. Saber priorizar ações. Saber lidar com conflitos.

5 Aptidões (capacidades mentais, físicas e motoras, inatas e aperfeiçoadas)

Possuir inteligência geral (habilidade desenvolvida de associação de idéias) e agilidade mental. Raciocínio lógico. Raciocínio analítico-dedutivo. Raciocínio espacial. Raciocínio numérico. Capacidade de síntese. Capacidade de discernimento. Habilidade verbal.

6 Competências emocionais

Saber administrar as emoções e adotar atitudes de neutralidade. Saber lidar com resistência a mudanças com tranqüilidade. Capacidade de entusiasmar equipes. Saber relacionar-se técnica e profissionalmente sem deixar-se envolver pessoalmente.

7 Competências sociais

Habilidade para estabelecer relações interpessoais de maneira educada e simpática. Demonstrar empatia na relação com clientes. Ter tranqüilidade ao deparar com resistência a mudanças. Demonstrar satisfação nas relações sociais. Saber criar situações de bom humor.

advogado

1 Campo de atuação

Advogado é um profissional licenciado em direito, que exerce uma das mais antigas profissões. Essa profissão surgiu no Brasil, em 1825, com a introdução dos primeiros cursos de ciências jurídicas, estimulados pela primeira Constituição do Brasil, elaborada por orientação do imperador Dom Pedro I.

O direito é a ciência das normas que disciplinam as relações entre os indivíduos e as instituições na sociedade – que seria um caos se não houvesse as leis de direito civil, comercial, trabalhista, tributário, penal, internacional e de outros ramos. As leis constituem a matéria-prima das atividades do direito. Os advogados as estudam, interpretam-nas e as aplicam nas causas em que se envolvem. Eventualmente podem participar de sua elaboração e/ou revisão.

A atuação do advogado é voltada para duas funções fundamentais: a representação em juízo em diversas instâncias e o aconselhamento jurídico. Pessoas e organizações de todos os tipos e portes precisam da assessoria jurídica em diversas situações. Os advogados podem atuar: em assessoria jurídica própria a pessoas e organizações; como funcionários de empresas públicas e privadas; nos Ministérios Públicos estadual ou federal; e ainda no magistério. O serviço público lhes oferece as posições de delegado, promotor de justiça, juiz de direito ou procurador.

No Brasil, para ser advogado, além do título de graduação como bacharel em direito, é preciso obter aprovação e inscrição na Ordem dos Advogados do Brasil (OAB).

2 Competências técnicas (*domínio de conhecimentos*)

As competências técnicas dos advogados se referem fundamentalmente ao domínio das leis básicas e das leis específicas de seu campo de atuação ou especialidade. Incluem-se aí as leis complementares e jurisprudências. Também constitui competência técnica conhecer o funcionamento dos órgãos que administram e que aplicam as legislações, como ministérios, tribunais, fóruns e outros. E acrescente-se a organização e uso de documentos utilizados nos processos e trâmites do direito aplicado. Como surgem leis e regulamentações novas continuadamente, os advogados precisam acompanhá-las devidamente.

A profissão requer boa visão também da organização da sociedade. Não só porque advogados ocupam cargos de juízes ou trabalham em órgãos de administração pública, mas também pelo fato de os processos e causas com que se envolvem estarem inseridos na vida em sociedade.

3 Competências de atuação profissional (*saber fazer ou atuar, saber aplicar conhecimentos e experiência*)

Saber localizar e consultar leis para as necessidades das causas e processos com que se envolvem. Capacidade de entendimento e interpretação de textos complexos. Capacidade para defender causas variadas e complexas em tribunais. Saber localizar, obter, analisar e organizar dados e informações para diferentes causas. Capacidade de elaborar representações, pareceres, laudos, relatórios, além de apresentá-los por escrito e/ou verbalmente. Saber elaborar contratos, normas e procedimentos. Possuir bastante capacidade em argumentar e persuadir. Capacidade e segurança para emitir opiniões e pareceres bem fundamentados. Saber fazer análises e avaliações críticas. Saber calcular e assumir riscos. Capacidade de compartilhar conhecimentos e atuar em equipe. Saber ser objetivo e pragmático nas soluções. Possuir bastante capacidade para realizar estudos e pesquisas de dados e fatos. Saber interagir com pessoas e entidades diversas. Saber cuidar do autodesenvolvimento profissional.

4 Habilidades (*competências facilitadoras do saber fazer*)

Saber pensar e agir estrategicamente. Saber atuar alternativamente em situações de acusação ou defesa. Habilidade para fazer apresentações convincentes, argumentando com lógica e clareza. Habilidade de estabelecer relações entre fatos. Saber usar variados recursos de comunicação. Habilidade de persuasão ou convencimento. Habilidade de negociação. Habilidade para mediar conflitos. Habilidade para dramatizar situações em tribunais. Ter flexibilidade mental e também de atitudes. Senso de organização. Senso crítico apurado. Habilidade didática. Capacidade de avaliação e julgamento. Capacidade de iniciativa e desenvoltura nas ações.

5 Aptidões (*capacidades mentais, físicas e motoras, inatas e aperfeiçoadas*)

Possuir inteligência geral (habilidade desenvolvida de associação de idéias) e agilidade mental. Presença de espírito.

Capacidade de abstração. Possuir: raciocínio verbal, lógico, analítico e dedutivo; capacidade de síntese; boa memória; percepção aguçada; capacidade de discernimento.

6 Competências emocionais

Ter bastante domínio das emoções, para manifestá-las estrategicamente em situações de trabalho. Saber também ser convenientemente frio e duro nas posições. Saber conviver e lidar com a emoção das pessoas. Saber impactar platéias e jurados. Capacidade de solidarizar-se com autenticidade. Saber criar situações de bom humor. Saber resistir a pressões. Ter habilidade para entender os dramas das pessoas.

7 Competências sociais

Possuir capacidade e disposição para estabelecer relacionamentos profissionais e sociais. Capacidade de conviver com parceiros e contrários. Capacidade de se adaptar a diferentes ambientes sociais.

agrônomo

1 Campo de atuação

As oportunidades de desenvolvimento profissional e de trabalho para os agrônomos têm aumentado no país com o surgimento e crescimento, nas últimas décadas, das organizações voltadas para estudos e produção agrícolas, o que implicou um rápido desenvolvimento das tecnologias aplicadas a essa atividade. Esse desenvolvimento conjunto de atividades e tecnologias foi estimulado pelo crescimento do consumo (explicado por vários fatores, mas citarei apenas dois: o aumento da população e da tomada de consciência sobre educação alimentar) e das exportações.

A produção agrícola vem aumentando em quantidade e melhorando em qualidade – favorecendo o crescimento do negócio e das oportunidades profissionais – graças ao desenvolvimento das tecnologias, com participação significativa dos agrônomos.

A profissão de agrônomo permite especializações em engenharia rural, zootécnica e solos, tecnologia de alimentos, fitotecnia, silvicultura, entre outras. O campo de trabalho para os agrônomos inclui: administração de fazendas, assessoria a agricultores em cooperativas e sindicatos, atuação em órgãos de pesquisas governamentais, em indústrias e negócios mais voltados para as atividades agrícolas, em assessoria autônoma e ainda no magistério.

2 Competências técnicas (*domínio de conhecimentos*)

Possuir amplo conhecimento de assuntos relacionados com agropecuária. Conhecimento de diversos tipos de solo e dos variados tipos de cultivo de plantas. Conhecimento das variedades e comportamentos das plantações de alimentos. Bom domínio das relações da agricultura com a pecuária. Conhecimento de metodologias de pesquisa e estudo sobre comportamento de solos e de plantas, inclusive sobre o efeito das variações de clima. Conhecimento de processos de drenagem, irrigação e adubagem. Conhecimento de germinação de sementes. Conhecimento de custos de cultivo. Conhecimento de técnicas para aumentar a produtividade agrícola. Conhecimento de recursos de informatização relacionados com gestão agrícola, de modo especial com controles de processos e materiais utilizados na agricultura. Desenvolver e aplicar conhecimentos sobre procedimentos de qualidade em sua área de atuação. Manter-se atualizado em relação ao mercado de fornecedores de produtos e insumos agrícolas. Ter e aplicar conhecimento de segurança do trabalho em sua área de atuação. Ministrar palestras de informação e orientação de agricultores.

3 Competências de atuação profissional (*saber fazer ou atuar, saber aplicar conhecimentos e experiência*)

Possuir visão de conjunto da atividade. Saber elaborar, implementar e gerenciar projetos agropecuários. Dominar e saber aplicar conhecimentos relativos ao comportamento das variedades de terrenos e à cultura do solo para fins agrícolas. Saber aplicar técnicas diversas de plantio. Saber diagnosticar condições de vitalidade e também de doenças das plantas. Saber aplicar técnicas de combate a ervas daninhas, pragas e fungos. Capacidade para realizar tratamento de solo e exploração agrícola. Saber receitar e/ou utilizar produtos químicos aplicados a plantios diversos. Saber orientar a aquisição, organização e estocagem de equipamentos e produtos agrícolas. Capacidade para definir a relação custo/benefício de investimentos agrícolas. Saber pesquisar e obter subsídios de experiências e resultados de aplicação de novas técnicas de produção agrícola. Saber aplicar técnicas de planejamento, organização e controle. Capacidade para avaliar as condições de segurança na execução de suas atividades. Saber interpretar e orientar a aplicação de legislações e normas técnicas. Saber distribuir tarefas entre sua equipe. Capacidade para elaborar pareceres/laudos técnicos, assessorando as diversas áreas da empresa sobre assuntos relacionados à sua especialidade. Saber cuidar do autodesenvolvimento profissional.

4 Habilidades (*competências facilitadoras do saber fazer*)

Possuir habilidades de pesquisa e investigação. Habilidade para realizar análises e diagnósticos de situações. Habilidade interativa e para relações interpessoais, incluindo clareza e simplicidade nas comunicações, tanto verbais quanto escritas. Habilidades organizacionais. Habilidade para trabalhar com números e com estatísticas. Habilidade didática para fazer apresentações e orientações, bem como para educar. Saber ser proativo. Habilidade para lidar com conflitos de interesses.

5 Aptidões (*capacidades mentais, físicas e motoras, inatas e aperfeiçoadas*)

Possuir inteligência prática. Habilidade analítico-dedutiva. Inteligência espacial. Senso de curiosidade. Aguçada percepção de detalhes. Boa memória visual. Capacidade e agilidade para movimentações físicas, incluindo resistência ao cansaço físico. Resistência a intempéries da natureza. Ter dinamismo.

6 Competências emocionais

Demonstrar controle e adaptabilidade emocional em diferentes tipos de relações pessoais e grupais. Saber adaptar-se emocionalmente ao jeito de ser e de agir das pessoas do meio rural. Não ter medo de animais e insetos perigosos.

7 Competências sociais

Demonstrar autoconfiança nas diferentes relações que estabelece. Ter disposição e facilidade para adaptar-se à vida no interior e no campo. Saber conviver com pessoas de diferentes níveis culturais. Saber manter o profissionalismo nas relações simples e informais. Saber ser prestativo em suas convivências em locais de poucos recursos. Saber ser agente de mudanças culturais e comportamentais.

arquiteto

1 Campo de atuação

O arquiteto é um profissional que tem suas atividades voltadas para a estética do ambiente social, envolvendo a adequação de forma e estilo das construções e do paisagismo a elas ligado, assim como a racionalização dos espaços urbanos, e tem como pano de fundo a qualidade de vida do ambiente, interno ou externo. O trabalho do arquiteto visa aliar o uso do espaço à sua funcionalidade, de forma esteticamente agradável. Nesse mister, o profissional deve levar em conta aspectos culturais, sociais e históricos da comunidade.

Seu campo de atuação inclui atividades profissionais especializadas em escritórios de projetos de engenharia e arquitetura, em empresas de consultoria técnica de arquitetura e em empresas estatais. Pode atuar como arquiteto projetista, em obras executivas, de recuperação/revitalização de espaços considerados patrimônio histórico, e também como professor dessas matérias.

2 Competências técnicas (*domínio de conhecimentos*)

Possuir conhecimentos fundamentais das técnicas e artes da arquitetura, especificamente de urbanismo, paisagismo, arquitetura de interiores, de desenhos técnicos, de desenho industrial e de computação gráfica. Conhecimento de história da arte e da arquitetura. Conhecimento de artes plásticas e decorativas, de métodos de construção civil e de materiais construtivos. Conhecimento de cores e suas aplicações. Conhecimento de propriedades, características e adequabilidade de materiais construtivos, incluindo alvenaria, cerâmica, plásticos, metais etc. Conhecimento de sistemas elétricos e hidráulicos prediais. Conhecimentos de luminoteca e de fornecedores de todos os tipos de materiais construtivos e decorativos. Conhecimento de legislações aplicadas à construção de imóveis. Conhecimento de culturas regionais e locais de onde atua. Conhecimento de ergonomia. Conhecimento de segurança do trabalho no que envolve seu ramo de atuação.

3 Competências de atuação profissional (*saber fazer ou atuar, saber aplicar conhecimentos e experiência*)

Saber estabelecer relações entre ciência, tecnologia e sociedade. Saber levar em conta aspectos sociais, culturais e históricos na concepção e realização de projetos diversos de arquitetura. Capacidade para elaborar e interpretar esboços e desenhos técnicos e executivos de construção e decoração. Saber utilizar a linguagem e aplicar os elementos arquitetônicos adequados em projetos construtivos. Ter capacidade de aproveitamento e racionalização de espaços, de criar soluções arquitetônicas e decorativas adequadas a diferentes ambientes e às finalidades e estilos de diferentes construções, e ainda a diferentes necessidades psicológicas e físicas dos clientes. Ter habilidade para encontrar e propor soluções alternativas e com sentido de adequação. Saber recomendar/utilizar materiais apropriados ou convenientes em diferentes soluções construtivas e/ou decorativas. Capacidade de adequar e de conviver com soluções ideais e soluções pragmáticas. Possuir sensibilidade e competência para oferecer soluções que não afetem o meio ambiente. Saber avaliar a qualidade dos materiais a serem aplicados. Saber realizar cálculos estruturais e de instalações. Ter bom domínio de métodos e boa capacidade de fazer cálculos e dimensionamentos. Saber elaborar laudos de análises técnicas. Saber aplicar técnicas de planejamento, organização e controle em suas atividades profissionais. Capacidade para orientar e adequar o trabalho de técnicos e operários de construção e decoração. Saber orientar a aquisição, organização e estocagem de materiais. Saber elaborar e negociar orçamentos. Saber realizar estudos de viabilidade técnica e financeira de projetos. Capacidade de ministrar aulas e palestras, assim como fazer apresentações sobre os assuntos de seu domínio. Saber pesquisar informações e soluções de seu interesse. Saber cuidar de seu aprimoramento e atualização profissionais.

4 Habilidades (*competências facilitadoras do saber fazer*)

Possuir habilidade imaginativa e criativa, senso de dimensões e proporções e senso estético. Muita habilidade para estabelecer correlação entre fatos e situações. Capacidade de sensibilizar e despertar interesses. Habilidade para fazer cálculos e projeções. Habilidade para estabelecer empatia com interesses e gostos dos clientes. Habilidade para lidar com preconceitos e resistências. Capacidade para lidar com conflitos pessoais. Clareza e objetividade nas comunicações. Habilidade didática nas explicações e orientações. Saber ser flexível e adaptativo, ou ter habilidade de "jogo de cintura". Habilidade multidisciplinar.

5 Aptidões (capacidades mentais, físicas e motoras, inatas e aperfeiçoadas)

Possuir senso estético, espacial e geométrico. Sentido de proporções. Inteligência criativa. Raciocínio analítico e dedutivo. Capacidade de discernimento, ponderação e avaliação. Habilidade numérica. Aguçada percepção de detalhes. Ser detalhista e perfeccionista.

6 Competências emocionais

Saber administrar suas emoções estéticas. Ter autocontrole emocional nas relações comerciais e de trabalho. Sensibilidade para captar e entender as diversas formas de vida e suas expressões. Saber manter-se calmo e frio em relações de trabalho tensas ou incômodas. Saber fazer reparos críticos e aceitar críticas com serenidade.

7 Competências sociais

Demonstrar responsabilidade social e ambiental. Saber interpretar e acatar normas e legislações aplicadas às atividades. Ter sensibilidade social e adaptabilidade situacional. Disposição para participar de eventos sociais relacionados com a profissão. Querer e saber ser agente de mudanças culturais e comportamentais.

ator
(bacharel em artes cênicas)

1 Campo de atuação

Tem aumentado significativamente o campo de atuação para os artistas que representam papéis em dramas e comédias de variados gêneros, talvez em virtude do crescente aumento da popularidade das novelas, minisséries e *sitcoms* (seriados cômicos com princípio, meio e fim em cada apresentação), assim como da produção de filmes para cinemas e TVs ou em razão do crescimento da apresentação teatral dentro das empresas, como recurso educativo, de treinamento e sensibilização, e com o crescimento de formas diversificadas de representação em *shows*, desfiles, comerciais de TV e rádio e manifestações culturais diversas. Surgiram, assim, cursos de nível superior para formar bacharéis em artes cênicas.

De forma mais completa, os campos de atuação profissional de artes cênicas abrangem: teatro convencional e teatro empresarial; novelas, minisséries e comerciais em TVs e rádios; atuação em circo, em dublagens, como mestre-de-cerimônias, e outras atividades similares.

Com a perspectiva do desenvolvimento econômico e cultural do país, deverão multiplicar-se as oportunidades de desenvolvimento das atividades anteriormente descritas, que possibilitam a atuação profissional de artistas.

2 Competências técnicas (*domínio de conhecimentos*)

Os profissionais de artes cênicas devem fundamentalmente adquirir conhecimentos de: técnicas de representação e interpretação, fundamentos de expressão, técnicas de cenografia, história do teatro, literatura dramática, indumentária, direção teatral, entre outros. Complementarmente, devem adquirir conhecimentos básicos de psicologia, comunicação, folclore, estética e história das artes.

Por se tratar de uma atividade relativamente nova, os artistas precisaram adquirir, de forma mais rápida e concentrada, conhecimentos sobre aspectos culturais, organizacionais e gerenciais das empresas a fim de montar e representar peças com objetivos mais específicos. Um fator positivo é que, com o desenvolvimento e variedade dos temas das novelas, estão sujeitos a aprender sobre diversas realidades da vida econômica, social e política.

Como especializações possíveis, podem dedicar-se à cenografia, direção teatral, interpretação teatral e teoria do teatro, e a funções e papéis correspondentes em cinema e TV.

3 Competências de atuação profissional (*saber fazer ou atuar, saber aplicar conhecimentos e experiência*)

Possuir visão de conjunto das realidades social, política e econômica. Conhecimento dos recursos técnicos utilizados em representações teatrais. É fundamental ter competência para incorporar personagens e representar diversos papéis. Capacidade de adaptar-se a jogos de cena. Competência para variar posturas físicas em função dos tipos de personagens. Capacidade de simular diferentes emoções, como rir, chorar, exaltar-se, mostrar sofrimento e dor etc. Capacidade de memorizar diálogos, textos e cenas. Capacidade de dosar tons de voz. Disposição para fazer muitos ensaios. Saber entrosar-se com diferentes equipes. Saber pesquisar para obter referências. Ter capacidade de estudar, aprender e se renovar, e de aceitar desafios.

4 Habilidades (*competências facilitadoras do saber fazer*)

Na verdade, diversas das competências de atuação anteriormente descritas possuem fortes características de habilidades; a representação teatral compõe-se muito de habilidades físicas e corporais. Versatilidade de representação. Grande habilidade adaptativa. Habilidade para flexibilizar tons de voz e sentimentos. Saber exagerar posturas.

5 Aptidões (*capacidades mentais, físicas e motoras, inatas e aperfeiçoadas*)

Possuir muita criatividade. Alta capacidade de concentração mental e física. Inteligência espacial. Raciocínio rápido. Boa memória. Aptidão vocal. Flexibilidade corporal. Disciplina. Autoconfiança. Perfeccionismo. Resistência à fadiga.

6 Competências emocionais

Saber adequar emoções aos papéis. Ter desprendimento emocional e psicológico. Capacidade de submeter-se às pressões e exigências da direção e de adaptar-se ao comportamento dos grupos profissionais. Saber manter-se neutro diante de críticas. Saber criar ânimo nas equipes.

7 Competências sociais

Gostar de interagir com pessoas. Ter disposição para participar intensamente de eventos sociais. Disposição para ser um nômade. Generosidade. Desprendimento de atitudes. Disposição para assumir compromissos. Disponibilidade para mudar a apresentação física.

assistente social

1 Campo de atuação

A atuação do assistente social é bem ampla e variada. Volta-se para ajudar/apoiar pessoas, indivíduos ou grupos a resolver problemas ou a promover eventos sociais. São atividades básicas de assistência, orientação e promoção social. Podem atuar isoladamente com programas próprios, ou como parte de equipes de atividades assistenciais e sociais mais amplas. As atividades desses profissionais costumam estar associadas com administração de pessoas nas empresas, serviços públicos de atendimento à saúde e à educação, atividades ligadas à Previdência Social, atividades sociais dos sindicatos, atendimento e solução de problemas infanto-juvenis, entre outras.

As atividades que envolvem o trabalho dos assistentes sociais crescem e se desenvolvem com a valorização das pessoas nas organizações e na sociedade, com o desenvolvimento do espírito de cidadania e com a importância e o apoio que se dá ao funcionamento das comunidades.

Boa parte das pessoas que agem ou atuam como voluntários sociais, em ONGs, associadas a entidades religiosas ou puramente a atividades de cidadania, não deixam de aplicar parte dos objetivos e atividades dos profissionais de serviço social.

2 Competências técnicas (*domínio de conhecimentos*)

A formação e capacitação dos profissionais de serviço social incluem conhecimentos fundamentais de sociologia, culturas socioeconômicas, legislação social, conhecimentos básicos de economia e de política social. E incluem, logicamente, conhecimentos essenciais de técnicas e métodos de atuação em serviço social.

É desejável que os profissionais de serviço social desenvolvam conhecimentos de: pesquisas sociais, estatística, princípios de organização, administração de recursos humanos, técnicas de trabalho em equipe, técnicas de liderança, técnicas de entrevista e de saber ouvir, técnicas de dinâmica de grupo, pesquisas de clima organizacional e, ainda, noções de qualidade e produtividade nas organizações.

3 Competências de atuação profissional (*saber fazer ou atuar, saber aplicar conhecimentos e experiência*)

Ter visão de conjunto dos objetivos e alcance de sua atividade profissional. Desenvolvida sensibilidade social e humana. Demonstrar forte sentido de sociabilidade, de interação e participação. Saber interpretar e adaptar-se às realidades sociais em que vive e atua profissionalmente. Saber captar climas e tendências. Saber adotar atitudes de imparcialidade/neutralidade política e ideológica. Ter sentido de proatividade. Capacidade organizativa e associativa efetiva. Demonstrar paciência e humildade nas atuações e relações. Saber acolher e apoiar pessoas em suas necessidades, bem como orientá-las e conscientizá-las. Saber identificar necessidades e prioridades para elaboração e implementação de programas sociais. Saber implementar programas adequados e realistas de atendimento social. Capacidade de fazer avaliações e diagnósticos situacionais e sugerir medidas apropriadas. Saber aplicar técnicas de planejamento, organização e controle em suas atividades. Saber adaptar-se aos regimes de trabalho das organizações em que atua. Capacidade de identificar e obter os recursos disponíveis para favorecer sua atuação profissional. Saber cuidar do autodesenvolvimento profissional.

4 Habilidades (*competências facilitadoras do saber fazer*)

Ter bastante habilidade de acolhimento e capacidade de ouvir e criar empatia. Saber deixar as pessoas à vontade e estimular suas manifestações. Saber fazer diagnósticos rápidos e precisos. Demonstrar iniciativa, criatividade e sentido empreendedor na busca das soluções de problemas, assim como sentido prático na promoção de atividades. Habilidade para adequar formas de relacionamento a diferentes públicos. Habilidade didática de orientações. Habilidade de comunicação e expressão verbal e escrita. Habilidade para administrar conflitos. Habilidade multidisciplinar.

5 Aptidões (*capacidades mentais, físicas e motoras, inatas e aperfeiçoadas*)

Possuir inteligência prática e analítica. Senso crítico e capacidade avaliativa. Capacidade de percepção e discernimento. Boa memória.

6 Competências emocionais

Possuir sensibilidade para lidar com o sofrimento humano. Bom controle das emoções. Alta dose de paciência. Demonstrar calor humano. Capacidade de entusiasmar pessoas e grupos.

7 Competências sociais

Possuir forte senso de responsabilidade social e de sociabilidade. Desejar e saber ser agente de mudanças. Dispor-se a incentivar e participar de programas sociais. Demonstrar sensibilidade e interesse por programas de melhoria de relações humanas e sociais e de melhoria de qualidade de vida. Ter disposição para contribuir com melhorias de organização social. Saber utilizar e estimular a aplicação de normas sociais e de convivência. Ser desprovido de preconceitos. Ter elevado espírito empreendedor e otimismo.

1 Campo de atuação

A atuação das auditorias e o trabalho do auditor são de fundamental importância para o controle da correção e normalidade das atividades das organizações – de modo mais específico, de seus aspectos legais, econômicos e financeiros. Quanto maior e mais complexas as organizações, mais trabalhosa e cuidadosa precisa ser a atuação das auditorias. Costumam ser dois os tipos de auditoria: a externa, feita por empresas especializadas, contratadas para acompanhar, avaliar e gerar resultados específicos; e a consultoria interna, destinada a acompanhar de forma mais ampla e constante os pontos mencionados.

A atuação das auditorias, inicialmente mais focadas em aspectos contábeis e financeiros das organizações, tem se ampliado para outros aspectos, como operacionais, de gestão, de segurança de informações, ambientais etc., à medida que elas se tornam mais complexas e atuam em ambientes também mais complexos.

O mercado de trabalho de auditores tende a crescer continuadamente, tendo em vista uma crescente necessidade da presença e eficiência dessa atividade, principalmente por essas razões: i) aumento quantitativo e de porte das organizações; ii) aumento de pontos mais vulneráveis, de um lado, e mais exigências de determinados padrões de resultados elaborados por entidades externas, de outro.

2 Competências técnicas (*domínio de conhecimentos*)

As competências técnicas requeridas tradicionalmente são aquelas necessárias para se realizar exame analítico e pericial de práticas financeiras, contábeis e fiscais de uma organização, incluindo o exame da regularidade da aplicação de leis, normas e regulamentos que orientam essas práticas. A auditagem, seguindo a mesma orientação, costuma se estender também às atividades de outras áreas, de outros processos – pessoal, materiais, vendas etc. – e de outros resultados da organização, conforme as circunstâncias anteriormente mencionadas. Inclui mais especificamente a análise dos métodos e critérios de licitação, bem como a avaliação e análise de riscos, o exame e análise de estruturas organizacionais, o cumprimento de normas e rotinas administrativas e também a regularidade de documentos usuais. Os trabalhos são normalmente concluídos com a elaboração de diagnósticos e relatórios avaliativos e conclusivos das auditorias realizadas.

A formação mais requerida aos profissionais de auditoria tem sido a mesma daqueles que atuam nas áreas de contabilidade e finanças, mas com cursos complementares de especialização ou pós-graduação em auditoria. Esses profissionais precisam cada vez mais de cursos acadêmicos e técnicos complementares. A profissão de auditor vem gradativamente tomando corpo e precisa de uma formação mais consistente. A função requer uma qualificação técnica cada vez maior. Uma formação que inclui visão de organizações modernas, estratégias de negócio, estratégias logísticas, sistemas técnicos e operacionais de gestão, requisitos de qualidade, requisitos de qualificação e desempenho humano etc.

3 Competências de atuação profissional (*saber fazer ou atuar, saber aplicar conhecimentos e experiência*)

Ter visão de estrutura e objetivos organizacionais de qualquer atividade empresarial ou negócio. Domínio dos métodos usuais de realização de processos de auditoria. Domínio de conhecimentos de sistemas, métodos e operações financeiras e contábeis da organização, englobando suas legislações e normas específicas. Saber planejar estratégias e roteiros de realização de auditorias, inclusive efetivar sua aplicação. Possuir bom domínio, ou saber consultar rapidamente, das principais leis e normas fiscais, assim como das leis e normas trabalhistas, para saber verificar a correção e adequação de suas aplicações práticas. Saber avaliar se as necessidades de normatização dos processos internos estão devidamente atendidas, bem como se as normas existentes são observadas e cumpridas. Ter bom domínio e saber aplicar os princípios e métodos de auditoria em outras áreas da organização, conforme solicitações ou necessidades surgidas. Capacidade de identificar e qualificar disfunções, inconsistências e anormalidades organizacionais. Saber localizar dados e informações, além de avaliar sua propriedade e suficiência. Saber obter esclarecimentos e depoimentos. Capacidade de seguir pistas para identificar problemas de natureza legal e organizacional. Saber elaborar pareceres técnicos, bem como relatórios analíticos e conclusivos de auditoria. Saber fazer recomendações com base nos resultados da auditoria. Capacidade de utilizar recursos avançados de informática. Saber cuidar do autodesenvolvimento.

4 Habilidades (*competências facilitadoras do saber fazer*)

Possuir sensibilidade situacional. Saber roteirizar objetivamente o trabalho. Ter habilidade para não causar constrangimento e minimizar eventuais impactos negativos do trabalho de auditoria. Facilidade de localizar informações. Habilidade para estabelecer correlação entre fatos. Habilidade investigativa e diagnóstica. Perspicácia para captar indícios de irregularidades. Habilidade multidisciplinar. Demonstrar autoconfiança na postura e atuação. Saber ser racional e isento nas posições, observações, pareceres e indicações. Redigir relatórios com objetividade e propriedade.

5 Aptidões (*capacidades mentais, físicas e motoras, inatas e aperfeiçoadas*)

Possuir inteligência geral e prática. Raciocínio lógico e analítico-dedutivo. Agilidade mental. Aguçada capacidade de observação e percepção. Bom senso investigativo. Capacidade de discernimento, avaliação e julgamento. Habilidade numérica. Boa memória. Ser detalhista e minucioso.

6 Competências emocionais

Saber manter-se calmo e frio em relações de trabalho tensas ou incômodas. Saber comportar-se emocionalmente em ambientes hostis. Capacidade de fazer reparos críticos com serenidade. Saber conviver com situações de conflito e desconfortáveis. Capacidade para administrar tensões e incômodos causados pelo trabalho.

7 Competências sociais

Saber se adaptar e conviver com situações adversas. Capacidade de se relacionar com diplomacia. Saber ser educado e neutro nas relações de trabalho. Saber inspirar confiança. Capacidade para relacionar-se em diferentes níveis hierárquicos e sociais. Saber adaptar-se a diferentes regiões e culturas.

Cirurgião-dentista

1 Campo de atuação

Mais popularmente chamado de dentista, é o profissional tecnicamente preparado para cuidar da saúde do sistema mastigatório, que tem como centro as arcadas dentárias e as partes da cabeça com elas envolvidas: ossos, musculatura mastigatória, articulações e tecidos.

A profissão de cirurgião-dentista inclui diversas qualificações que podem se tornar especialidades: odontopediatria, odontogeriatria, odontologia do trabalho, ortodontia ou ortopedia facial (correções do crescimento ósseo), dentística (restaurações), endodontia (tratamento de canal), periodontia (tratamento das gengivas), implantodontia, entre outras.

A profissão de cirurgião-dentista é predominantemente exercida em consultórios próprios, geralmente de um grupo de profissionais. As oportunidades de atuação têm se estendido para outras situações, como em ambulatórios ou clínicas coletivas, hospitais públicos, sindicatos e associações de classe.

2 Competências técnicas (*domínio de conhecimentos*)

Possuir conhecimentos de anatomia, especialmente da constituição e das variações física, bucal e dentária. Conhecimento das relações entre saúde bucal e dentária com outros aspectos da saúde humana. Conhecimento amplo de odontologia, incluindo as especialidades já citadas, além de: patologia bucal, cirurgia aplicada ao tratamento dentário, prótese e radiologia dentária. Conhecimento de materiais diversos utilizados em restauração dentária e demais intervenções de odontologia. Conhecimento de aplicações anestésicas em tratamentos dentários. Conhecimentos complementares de microbiologia, biociências, genética e imunologia. Conhecimento do comportamento humano em tratamentos dentários. Domínio de procedimentos de qualidade em sua área de atuação. Conhecimento das inovações sobre saúde e tratamento dentário em todos os seus aspectos. Participação em congressos e acompanhamento da literatura técnica relacionados com a profissão/especialidade.

3 Competências de atuação profissional (*saber fazer ou atuar, saber aplicar conhecimentos e experiência*)

Saber relacionar problemas dentários com as variações da constituição física da região bucal, assim como com o estado aparente das arcadas dentárias e gengivas. Capacidade para avaliar o estado de saúde bucal e dentário e sugerir tratamentos apropriados. Saber aplicar soluções técnicas para tratamento de cáries, de canal, de gengivas, recuperação de dentes, limpeza bucal, realização de implantes como forma de recomposição ou correção de arcadas. Capacidade de dimensionar, adequar, solicitar, conferir, ajustar e aplicar soluções de prótese dentária. Saber fazer e interpretar radiografias dentárias. Saber realizar e orientar a preparação de materiais para as diversas necessidades de tratamento. Saber aproveitar o auxílio de profissionais na organização do consultório e nos tratamentos dentários. Capacidade para receitar remédios e cuidados nos pós-tratamentos bucal ou dentário. Saber utilizar anestésicos adequadamente. Saber encaminhar clientes para exames e tratamentos com especialistas. Capacidade para orientar medidas preventivas de problemas dentários e de saúde bucal. Saber relacionar-se adequadamente com fornecedores de produtos dentários. Capacidade de organizar e manter arquivos de tratamentos dentários. Saber pesquisar informações técnicas em livros e revistas especializadas.

4 Habilidades (*competências facilitadoras do saber fazer*)

Ter habilidade para tranqüilizar os clientes de forma adequada e simpática. Habilidade de observação e discernimento nas avaliações técnicas. Habilidade para manusear os instrumentos de maneira segura e precisa, evitando ferir os clientes. Habilidade para preparar e aplicar os produtos utilizados nos tratamentos de maneira correta, econômica e ágil. Habilidade para fazer intervenções necessariamente agressivas de forma menos incômoda e dolorida. Habilidade organizativa para dar a seqüência adequada ao tratamento a fim de garantir bom aproveitamento do tempo. Objetividade e habilidade didática para dar orientações de tratamento.

5 Aptidões (*capacidades mentais, físicas e motoras, inatas e aperfeiçoadas*)

Perícia manual e controle motor são essenciais. Ser calmo e paciente. Ser metódico e meticuloso. Ter capacidade de concentração. Capacidade visual normal ou corrigida. Raciocínio analítico e dedutivo desenvolvidos. Aguçada percepção de detalhes. Boa capacidade de observação. Resistência física para trabalho prolongado, além de boa mobilidade física.

6 Competências emocionais

Saber tranqüilizar clientes e deixá-los relaxados para a realização dos tratamentos. Ter autocontrole emocional para executar as operações manuais com a necessária firmeza e segurança. Capacidade de conviver com o sofrimento humano por tempo prolongado. Saber manter a calma diante de imprevistos de tempo e descumprimento de horários agendados. Saber ser paciente com clientes emocionalmente mais difíceis e com crianças.

7 Competências sociais

Saber e querer ser agente de mudanças culturais e comportamentais. Demonstrar sensibilidade com problemas sociais que dificultam a realização de tratamentos dentários para certas famílias e pessoas, e colaborar com campanhas sociais. Possuir visão de educação continuada no trabalho. Ser educado e prestativo em suas relações. Ser desprovido de preconceitos sociais. Demonstrar empatia ao lidar com pacientes e suas individualidades.

Contador

1 Campo de atuação

O contador lida com a ciência, ou matéria, mais fundamental da organização governamental, empresarial, social e até doméstica. A contabilidade é um instrumento universal de organização, controle e documentação das operações financeiras e orçamentárias das empresas (receitas e despesas, lucros e perdas) públicas e privadas, de todos os ramos de atividades, de todos os portes. Do ponto de vista técnico-organizacional, é uma das atividades mais antigas.

A contabilidade é, sem dúvida, uma atividade de grande utilidade para a organização das empresas e da sociedade. É também uma das que conta com maior número de profissionais; parte atuando com vínculo empregatício e parte de forma independente.

2 Competências técnicas (*domínio de conhecimentos*)

O contador lida com uma grande quantidade de assuntos técnicos e legais. É ele quem faz o registro e documentação do balanço dos movimentos de receitas e despesas, e de lucros e perdas de organizações em geral. Fazer e apresentar esse registro é, inclusive, uma exigência legal. Para exercer a profissão, o contador precisa conhecer o Código Civil, o código e legislação tributários, a legislação trabalhista, a lei das sociedades anônimas, as leis fiscais e as leis de falência.

Requer ainda o conhecimento de: administração e economia; práticas contábeis gerais e oficiais; obrigações fiscais; ferramentas de gestão financeira, como orçamento e custo; conhecimentos básicos de estatística e matemática, além de direito e legislação aplicados; informática aplicada à atividade; e conhecimentos legais e organizacionais de administração de pessoal.

3 Competências de atuação profissional (*saber fazer ou atuar, saber aplicar conhecimentos e experiência*)

Mostrar visão do conjunto e ter domínio de conhecimentos das atividades e legislações que envolvem a profissão. Saber organizar, orientar, conduzir e controlar as atividades financeiras, contábeis e fiscais sob sua responsabilidade, de uma só ou de um conjunto de empresas. Saber assessorar diretorias de grandes empresas ou empresários de organizações menores no planejamento estratégico e nas decisões sobre assuntos contábeis, financeiros e fiscais. Capacidade para elaborar e apresentar demonstrações financeiras. Saber analisar contas e interpretar fatos contábeis. Saber lidar com indicadores financeiros e econômicos. Manter-se atualizado, assim como orientar sua equipe sobre acompanhamento e utilização das legislações que envolvem a atividade. Saber atender às fiscalizações federal, estadual e municipal. Capacidade para entrosar atividades da contabilidade geral com aquelas de contas a pagar e a receber, tesouraria, controles fiscais, orçamento e controles de custo. Saber assessorar as atividades de auditoria. Saber aplicar técnicas de planejamento, organização e controle nas atividades que gerencia ou coordena e, por desdobramento, saber distribuir tarefas entre a equipe. Capacidade para avaliar as condições de risco e segurança nas atividades com que lida ou administra. Saber elaborar pareceres técnicos, assessorando as diversas áreas da empresa sobre assuntos relacionados à sua especialidade. Saber utilizar consultorias especializadas em assuntos de interesse de sua área, como informática, recursos humanos e desenvolvimento organizacional. Capacidade para obter e compartilhar/disseminar conhecimentos com sua equipe e com outras áreas da organização. Saber manter-se atualizado e cuidar do autodesenvolvimento.

4 Habilidades (*competências facilitadoras do saber fazer*)

Ter boa visão de conjunto das variadas questões com que lida. Capacidade de entender e interpretar os impactos e efeitos dos fenômenos políticos e econômicos nas organizações. Habilidade para lidar com pessoas em situações de liderança, assessoria, consultas técnicas e prestação de serviços. Muita habilidade para lidar com números, índices e fórmulas. Habilidades para conviver com situações decisórias importantes e/ou tensas. Habilidade para conduzir e/ou participar de reuniões de trabalho. Flexibilidade para trabalhar e conviver com variadas situações gerenciais e organizacionais. Habilidade de investigar e interpretar situações. Habilidade de análise, observação e discernimento em suas avaliações técnicas. Habilidade para estabelecer correlação entre fatos. Habilidade didática para explicar e orientar. Habilidade para administrar conflitos. Habilidade para atuar como negociador e conciliador.

5 Aptidões (*capacidades mentais, físicas e motoras, inatas e aperfeiçoadas*)

Possuir inteligência geral e prática. Ter visão projetiva. Agilidade mental. Atenção concentrada. Aptidão organizacional e quantitativa. Raciocínios lógico e analítico-dedutivo. Aguçado sentido e percepção de detalhes. Boa memória. Dinâmico. Extrovertido. Assertivo. Paciente.

6 Competências emocionais

Ter autocontrole emocional. Saber atuar sob pressão e tensão, bem como ser tranqüilizador. Habilidade para criar situações de relaxamento e bom humor.

7 Competências sociais

Saber desenvolver formas de boa convivência com clientes. Ser educado, atencioso e prestativo nas relações pessoais e profissionais. Saber adotar condutas adequadas na relação com clientes, assim como com o fisco, auditores e fiscais. Não deixar que os excessos do trabalho prejudiquem a vida social. Dispor-se a ser agente de mudanças culturais e comportamentais.

economista
(bacharel em ciências econômicas)

1 Campo de atuação

A valorização da profissão de economista e seu mercado de trabalho têm crescido significativamente nas duas ou três últimas décadas, pelas seguintes razões: i) aumento da assessoria às empresas e aos governos por força da instabilidade e crises econômicas do país, que afetam a produção, o emprego, os lucros e investimentos das empresas, a arrecadação de impostos etc.; ii) crescimento das atividades econômicas, da abertura de capital das empresas, das importações e exportações, da movimentação das bolsas de valores etc., aumentando muito a presença de economistas nas análises e interpretações desses movimentos; iii) em função da própria globalização dos fenômenos econômicos, requerendo mais participação de analistas e consultores de economia nas mídias e nas corporações.

Tanto empresários quanto investidores particulares estão ficando gradativamente mais dependentes das análises, interpretações e previsões dos economistas, uma vez que os mercados mudam com grande freqüência por influência de vários fatores – inclusive, vale destacar, os fatores psicológicos. Pode-se dizer que os economistas cada vez mais atuam com base em três perspectivas: o histórico da economia, o momento econômico e as projeções.

Há diversas especializações na economia, entre elas: macroeconomia e teoria econômica, economia financeira, economia agrícola, economia urbana, comércio internacional, economia do trabalho, elaboração e avaliação de projetos.

O mercado de trabalho dos economistas abrange basicamente: bancos, consultorias e assessorias; empresas de planejamento; instituições de pesquisas econômicas e sociais; órgãos públicos; cada vez mais, em mídias escrita, falada e televisionada; e ainda no magistério.

2 Competências técnicas (*domínio de conhecimentos*)

Profissão que lida com as questões mais amplas que compõem a *macroeconomia* – assuntos mais amplos da economia, como produção e renda nacionais, balança de pagamentos, taxas de juros, níveis de poupança, níveis de preços, variações de mercado (oferta e procura), tributações e interferência dos governos na economia etc. Ou cuida das questões mais restritas que compõem a *microeconomia* – economia nas organizações, doméstica e individual. Os economistas ligados à macroeconomia fazem análises do comportamento dos mercados em função das diversas variáveis que neles interferem, interpretando as causas e os efeitos e realizando previsões. Esses profissionais exercem atividades no magistério, no jornalismo, em consultoria de empresas e em assessoria às diretorias das organizações, fundamentalmente. Já aqueles que atuam com microeconomia devem, desejavelmente, procurar entender de macroeconomia, a fim de poder explicar seus impactos nas empresas e na vida das famílias e das pessoas; mas cabe a eles cuidar principalmente da administração econômica e financeira das organizações.

Precisam conhecer bem os históricos e os fundamentos e desdobramentos dessas economias, como economia industrial, agrícola, bancária etc. Devem possuir bons fundamentos também de ciências sociais e de estatística aplicada. De modo especial, quem lida com microeconomia deve ter boas noções teóricas e práticas de gestão financeira e gestão contábil.

A globalização da economia requer uma visão mais ampla dos fenômenos que interferem na economia e seus efeitos nos mercados.

3 Competências de atuação profissional (*saber fazer ou atuar, saber aplicar conhecimentos e experiência*)

Ter capacidade de fazer análises conjunturais sobre o comportamento da economia e dos mercados. Saber entender e interpretar diversos indicadores econômicos. Capacidade de entender e explicar por que e como as variáveis econômicas interferem na vida do país, das comunidades, das organizações e das pessoas. Saber dar orientações aos investidores sobre tendências da economia e dos mercados financeiros. Saber redigir matérias analíticas de comportamento da economia, além de participar de debates nas mídias, como forma de fornecer esclarecimentos e orientações à sociedade. Capacidade para elaborar pareceres técnicos com base em análises econômicas. Saber assessorar diretorias de organizações nas decisões sobre investimentos ou mudanças de estratégias de negócios. Saber elaborar ou participar da elaboração de projetos de investimentos e negócios. Capacidade para elaborar e/ou avaliar planos e programas financeiros. Saber avaliar balancetes e suas variações. Saber preparar e/ou avaliar orçamentos econômicos e financeiros. Capacidade para fazer apresentações e ministrar aulas sobre economia. Saber elaborar projetos e desenvolver estudos técnicos sobre economia. Saber cuidar da atualização e autodesenvolvimento.

4 Habilidades (*competências facilitadoras do saber fazer*)

Possuir desenvolvida visão macrossistêmica e de entendimento de suas variáveis. Habilidade analítica e interpretativa de fatos e fenômenos. Capacidade de associar dados para entender e explicar resultados. Agilidade para cálculos mentais e raciocínios numéricos. Habilidade de discernimento, ponderação e avaliação de situações. Habilidade para estabelecer correlação entre fatos. Capacidade de fazer projeções e previsões. Capacidade de elaborar conceitos, premissas e pressupostos. Habilidade para emitir pareceres e expressar-se com lógica e clareza. Habilidade didática para exposições verbais. Capacidade de explicar questões complexas de forma acessível para leigos.

5 Aptidões (*capacidades mentais, físicas e motoras, inatas e aperfeiçoadas*)

Possuir grande capacidade de abstração e extrapolação mentais. Inteligência desenvolvida. Raciocínio lógico, dedutivo e numérico acima do normal. Aguçada percepção e destacada habilidade de análise mental. Boa memória. Capacidade intuitiva.

6 Competências emocionais

Ter capacidade de mostrar-se frio e realista diante dos fatos. Saber fazer análises comedidas. Saber responder a entrevistas e enfrentar questionamentos sem se exaltar. Capacidade para fazer reparos críticos com serenidade. Saber conviver com situações de conflito e desconfortáveis. Saber administrar as angústias.

7 Competências sociais

Possuir senso de responsabilidade social. Saber analisar realidades sem estimular decepções e pessimismo. Dispor-se e saber oferecer contribuições para soluções que evitem problemas e/ou melhorem a vida social. Dispor-se a colocar suas pesquisas e conhecimentos em favor do interesse comum.

1 Campo de atuação

É o profissional que lida com a atividade de enfermagem, de nível superior, e que atua na área da saúde. Seu objetivo essencial é a promoção e proteção da saúde humana, bem como a prevenção e o tratamento de doenças.

O profissional de enfermagem possui um vasto campo de atuação profissional, tanto na área assistencial quanto na área administrativa e gerencial. Associado ao tratamento médico ou de saúde, o enfermeiro se envolve com diversas atividades e especialidades, como: enfermaria ambulatorial, enfermaria hospitalar geral ou especializada, participação em equipes cirúrgicas, ginecológicas e obstétricas, berçário, equipes de nutrição, de hemodinâmica, de pronto-socorro, em áreas de terapia intensiva etc. Toma parte também em programas educativos de saúde.

Os profissionais de enfermagem podem atuar em hospitais públicos e particulares, casas de saúde, clínicas especializadas, consultórios médicos, ambulatórios médicos dentro de empresas, atendimentos domésticos e no magistério especializados.

2 Competências técnicas (*domínio de conhecimentos*)

Ter conhecimento dos princípios e códigos de ética da atuação do profissional de enfermagem. Conhecimento das funções e papéis do enfermeiro nas diversas atividades hospitalares e ambulatoriais. Domínio amplo de patologias e da concepção do processo saúde–doença humano. Conhecimento de comportamentos humanos em situações de doença. Conhecimentos de biologia, anatomia e fisiologia humanas, assim como de fisiopatologia. Conhecimento referencial do estado de saúde humana, incluindo os indicadores gerais vitais. Conhecimento dos efeitos das disfunções orgânicas desses referenciais em outras partes do organismo. Domínio dos meios e métodos utilizados para diagnosticar disfunções orgânicas, incluindo observações obtidas do paciente ou acompanhantes, manifestações e aparências externas do corpo e dados dos exames de verificação de estado de saúde. Conhecimentos técnicos básicos para indicação de regimes alimentares e cuidados físicos destinados à preservação da saúde. Conhecimento de procedimentos de qualidade em tratamentos de saúde. Conhecimento de normas regulamentadoras da profissão.

O currículo de formação do profissional de enfermagem inclui, entre outras, as seguintes matérias: introdução à enfermagem, enfermagem médico-cirúrgica, enfermagem materno-infantil, biologia, microbiologia, psicologia e administração aplicada.

3 Competências de atuação profissional (*saber fazer ou atuar, saber aplicar conhecimentos e experiência*)

Saber avaliar o estado de saúde das pessoas com utilização de instrumentos específicos e por meio da verificação de resultados de exames, históricos, relatórios e registros médicos; e também por meio da verificação de manifestações físicas e ainda com informações colhidas em perguntas. Saber prestar cuidados de enfermagem em tratamentos de saúde de modo geral. Capacidade para participar de equipes cirúrgicas e em atividades de parto. Saber realizar procedimentos específicos de enfermagem em tratamento de doenças menos ou mais graves, em situações pré, durante e pós-operatória, incluindo obtenção de materiais para exames, intervenções diversas – às vezes exigindo cuidados de maior complexidade, e às vezes com auxílio de instrumentos e equipamentos específicos. Saber fazer acompanhamento de estados de saúde, inclusive os mais graves e delicados. Capacidade para cuidar da higienização dos pacientes. Saber orientar o trabalho de auxiliares e atendentes de enfermagem. Saber preencher formulários e prontuários de tratamento médico-hospitalar. Saber acolher e confortar pessoas nas situações de doença. Capacidade para distribuir tarefas à equipe e conquistar colaboração e coesão. Saber colocar o interesse do hospital e dos clientes acima de interesses pessoais ou de classes. Saber especificar materiais, organizar recursos e atividades de enfermagem. Capacidade para lidar com assuntos organizacionais em entidades de saúde. Saber preparar e ministrar palestras técnicas. Saber elaborar e aplicar programas educativos de saúde. Capacidade para realizar pesquisas em sua área de atuação. Saber elaborar trabalhos técnico-científicos para divulgação e/ou publicação. Possuir visão de educação continuada, demonstrando capacidade de assimilar e renovar conhecimentos de forma constante.

4 Habilidades (*competências facilitadoras do saber fazer*)

Saber interagir com médicos e entrosar com equipes hospitalares para qualquer finalidade de tratamento de saúde. Saber conviver diplomaticamente com especialistas paramédicos e com prestadores de serviços diversos. Saber lidar com conflitos variados. Ter capacidade de conviver com situações tensas e instáveis. Respeitar as pessoas como seres humanos, pacientes e cidadãos. Saber tratar as pessoas de modo educado, prestativo, paciente, tolerante, atencioso e carinhoso. Habilidade didática e senso de oportunidade para instruir e orientar pessoas. Habilidade para avaliar situações de risco de acidente e de vida. Capacidade para manter animação e bom humor na equipe de trabalho e com pacientes. Habilidade de comunicação e expressão verbal e escrita. Espírito criativo e inovador. Competência multidisciplinar.

5 Aptidões (*capacidades mentais, físicas e motoras, inatas e aperfeiçoadas*)

Possuir visão de conjunto, capacidade de observação e percepção de detalhes. Raciocínio analítico-dedutivo, lógico e espacial. Habilidade investigativa e elevado senso avaliativo e crítico. Capacidade diagnóstica. Ser perfeccionista, metódico, dinâmico, discreto e extrovertido. Ter controle físico e motor. Energia física para trabalhos de longa duração e alta resistência à fadiga. Capacidade física para conviver com situações que causam temor e náusea.

6 Competências emocionais

Saber conviver com situações prolongadas de pressão e emocionalmente desconfortáveis. Capacidade para administrar as emoções. Demonstrar sensibilidade e resistência para lidar com o sofrimento humano. Elevado senso de empatia para entender as manifestações de doentes e parentes. Saber ser firme e exigente nas relações profissionais.

7 Competências sociais

Ser agente de mudanças culturais e comportamentais no âmbito profissional. Elevado senso de responsabilidade social. Visão de educação continuada no trabalho. Ser desprovido de qualquer preconceito, seja de raça, cor, condição social ou idade. Disposição para interagir no meio profissional. Entusiasmo para promover e disposição de colaborar com campanhas educativas na sociedade.

ngenheiro

1 Campo de atuação

Dentre o conjunto de profissões que compõe este livro, a engenharia é uma das três com maior número de especialidades – o que não necessariamente amplia as possibilidades de mercado para o profissional. O que aumenta as perspectivas de trabalho é o fato de haver amplas, crescentes e renovadas pesquisas, diagnósticos e avaliações de estudos técnicos, elaboração de projetos, construções de obras simples e complexas, construção de máquinas e equipamentos, veículos, aviões e navios nas operações industriais diversas. Nas cidades e no interior, na terra (superfície e subterrâneo), no mar e no ar. Todas essas atividades requerem a presença de grande quantidade de engenheiros.

No item seguinte, citaremos algumas das numerosas especialidades da engenharia. Mas elas se englobam em algumas grandes atividades, como: engenharia de projetos, de estruturas e fundações, de construções, da computação etc., além de diversas possibilidades de atuação em pesquisas e no magistério.

2 Competências técnicas (*domínio de conhecimentos*)

Possuir visão do alcance tecnológico, econômico e social da engenharia. Conhecimento profundo de uma ou mais das diversas especialidades da área, como: engenharia aeronáutica, ambiental, civil, de minas, de produção, de telecomunicações, elétrica, florestal, industrial, mecânica, mecatrônica, metalúrgica, naval, química, sanitária, de transportes etc. Conhecimento de técnicas e cálculos matemáticos, estruturais e topográficos, além de desenhos de estruturas aplicados na elaboração de projetos construtivos e de produção associados a suas especialidades. Domínio de recursos de informática aplicados a suas atividades especializadas. Conhecimento de técnicas de gestão organizacional, de técnicas básicas de gestão financeira, de apresentação, de condução de reuniões, de técnicas de liderança, entre outras. Conhecimento de técnicas de prevenção de acidentes e de preservação do meio ambiente aplicáveis a suas atividades. Dependendo da especialidade, pode requerer ainda conhecimentos de logística e marketing.

3 Competências de atuação profissional (*saber fazer ou atuar, saber aplicar conhecimentos e experiência*)

Saber estabelecer relações entre as ciências e tecnologias da engenharia com as soluções construtivas e operacionais de suas áreas de atuação. Capacidade de idealizar e elaborar projetos para as finalidades estabelecidas. Saber realizar estudos de viabilidade para realização e implementação dos projetos. Saber especificar e dimensionar os recursos necessários para a realização dos projetos, incluindo recursos técnicos, financeiros, humanos e operacionais. Capacidade para realizar cálculos ou utilizar recursos de medidas existentes aplicados aos estudos e projetos de engenharia. Saber ler e interpretar projetos e desenhos de engenharia de modo amplo. Saber orientar a aquisição, estocagem e utilização de materiais e equipamentos a serem utilizados nos processos construtivos, operacionais e/ou industriais. Capacidade para identificar ou definir as condições preditivas e/ou preventivas de segurança relacionadas com os projetos e processos de construção, operação ou produção. Saber dimensionar quantitativa e qualitativamente a necessidade de pessoas envolvidas nos projetos que define, orienta ou conduz. Saber aplicar técnicas de planejamento, organização, implementação, controle e avaliação de projetos em geral. Capacidade de elaborar laudos e pareceres técnicos aplicados à sua atividade. Saber aplicar conhecimentos de legislação relacionados com as atividades que projeta, orienta e conduz. Saber compartilhar/disseminar conhecimentos. Capacidade para definir e orientar estratégias de implementação de atividades e atuação de equipes. Saber pesquisar fontes de informações requeridas pelos projetos desenvolvidos. Saber pesquisar e buscar aprimoramento e atualização profissional.

4 Habilidades (*competências facilitadoras do saber fazer*)

Ter muita habilidade para projeções e cálculos. Habilidade mental para estabelecer relações entre fatos e dados. Capacidade de formulação de soluções tanto abstratas quanto concretas. Capacidade de compreensão, discernimento e avaliação de situações de realidade. Habilidade para definir estratégias destinadas a implementação de projetos. Mostrar flexibilidade para favorecer/adequar soluções técnicas e organizacionais. Habilidade para negociar alternativas e valores na busca por soluções de engenharia. Habilidade para lidar adequadamente com conflitos. Habilidade para flexibilizar estilos de liderança conforme as realidades que vivencia. Ter clareza e objetividade nas comunicações verbais e escritas. Habilidade didática para treinar e orientar.

5 Aptidões (capacidades mentais, físicas e motoras, inatas e aperfeiçoadas)

Possuir visão de conjunto. Inteligência prática, espacial, mecânica e numérica. Raciocínio lógico e analítico-dedutivo. Capacidade de concentração mental. Aguçada percepção de detalhes. Capacidade de resistir fisicamente a atividades prolongadas e muita movimentação. Dinamismo e extroversão.

6 Competências emocionais

Autocontrole emocional para conviver com variadas situações de crise, tensão e conflitos, seja em relacionamentos pessoais, seja diante de ocorrência de acidentes. Saber manter a tranqüilidade em negociações difíceis. Competência emocional para lidar com pares e subordinados de personalidade difícil. Competência emocional para manter a tranqüilidade em situações de excessiva pressão de tempo e de resultados.

7 Competências sociais

Ser agente de mudanças culturais e comportamentais. Ter senso de responsabilidade social e ambiental. Saber conviver com pessoas de diferentes níveis e em ambientes sociais mais simples ou mais refinados. Habilidade para convencer pessoas e grupos em torno de objetivos de interesse social. Ser educado e prestativo nas relações sociais. Capacidade de empatia para entender as necessidades das pessoas que lidera e das comunidades que impacta com seus projetos.

Especialista em RH ou gestão de pessoas
(analista, assessor ou consultor interno de RH)

Observação inicial: incluir esta profissão poderia ser uma homenagem aos profissionais de uma área de trabalho em que atuei por muitos anos dentro de grandes empresas. Mas não é essa a razão. Estou convencido de que, com a crescente valorização do fator humano nas organizações de todos os ramos de atividades – de portes médio, grande e muito grande –, e com a crescente tomada de consciência dos dirigentes e gerentes quanto à importância da atuação das pessoas para os bons resultados dos serviços e negócios, a atividade de administração de recursos humanos ou de gestão de pessoas aumenta sua capacidade e poder de contribuição. Tanto para o bom desempenho das organizações quanto para a maior satisfação das pessoas no trabalho, resultando em melhoria da qualidade de vida dos empregados em geral e também da qualidade de vida destes profissionais.

1 Campo de atuação

Trata-se de uma atividade que levou algum tempo para adquirir personalidade própria. No início, cuidava essencialmente da parte burocrática e legal da administração de pessoal. Com o tempo, foi incorporando as atividades de recrutamento e seleção; treinamento e desenvolvimento; cargos, salários e benefícios; avaliação de desempenho; administração de carreira e sucessão; segurança e medicina do trabalho; e relações trabalhistas. Recentemente, inclui outras atividades mais especializadas e sofisticadas, como: desenvolvimento gerencial e organizacional, gestão do potencial, gestão de competências, gestão de clima organizacional, sistemas sofisticados de avaliação (360°), Balanced Scorecard (BSC) etc. E tem havido uma tendência de, nas maiores organizações, as atividades puramente burocráticas e legais saírem da área de RH.

Mas como a área ainda está em desenvolvimento e a cultura das empresas também, só organizações mais evoluídas e arrojadas introduziram essas atividades e planos mais modernos.

Um ponto que merece comentário: enquanto a atividade de administração de RH estava em desenvolvimento menos acelerado, não havia curso superior específico para formar seus profissionais. Agora eles já existem, tanto em nível de graduação como de pós. De qualquer forma, sempre podem e sempre poderão atuar nesta área profissionais de direito, medicina, psicologia, engenharia, serviço social e administração, em suas atividades mais especializadas.

No entanto, uma função muito importante, específica e moderna tem crescido nas áreas de administração de recursos humanos: a função generalista de consultor interno de RH. Seu papel principal é assessorar gerentes e diretores na gestão de suas equipes de empregados ou colaboradores, recorrendo aos profissionais das subáreas especializadas para cuidar de assuntos específicos. Este profissional precisa ser um generalista por excelência, embora possa ter formação de administrador, administrador de RH, pedagogia, psicologia, ou mesmo de outra profissão, mas com competência para entender de pessoas e lidar com elas, enquanto o mercado não contar com profissionais suficientes para atuar nesta função especializada.

A prova de que o profissional de RH cresce de importância é o fato de existirem mais de duzentos mil deles no mercado de trabalho do Brasil, e alguns milhões nos países do mundo ocidental.

2 Competências técnicas (*domínio de conhecimentos*)

Já foi esclarecido acima que, por ora, pessoas de diversas profissões atuam em RH, embora a maioria procure fazer cursos de aperfeiçoamento, especialização e pós-graduação a fim de adquirir maior qualificação teórica específica. Ressaltou-se também a tendência de ampliarem-se os cursos de especialização. Enquanto isso, as empresas têm procurado admitir profissionais com maior bagagem prática.

Os profissionais que trabalham em RH precisam conhecer bem: teorias e técnicas organizacionais e de administração; teorias de psicologia organizacional; teorias e técnicas de seleção de pessoal; técnicas de treinamento, desenvolvimento e educação; teorias e técnicas de liderança, motivação, gestão de competências, clima organizacional, remuneração e carreira, e de relações trabalhistas. Também devem estar bem informados sobre legislação trabalhista e previdenciária, além de conhecer as teorias mais fundamentais e modernas aplicadas à gestão organizacional e empresarial, como gestão estratégica, gestão do conhecimento, gestão por resultados etc.

Tendo em vista a variedade de assuntos com que lidam, os profissionais de RH precisam fazer numerosos cursos técnicos especializados relacionados com os assuntos já citados. E necessitam muito de constante reciclagem.

3 Competências de atuação profissional (*saber fazer ou atuar, saber aplicar conhecimentos e experiência*)

Capacidade para definir missão, cultura e valores da empresa. Saber definir estratégias de atuação para a área de RH. Saber definir planos de objetivos, além de metas e prioridades de atuação para RH em conjunto com o superior e a equipe. Capacidade para atuar como consultor interno e analista sênior de RH. Saber intermediar demandas das demais áreas com recursos internos de RH. Saber identificar a necessidade de buscar apoios externos, localizá-los, obter aprovação da empresa, contratá-los e assessorá-los. Capacidade para atuar em conjunto com especialistas de RH na elaboração e implementação de projetos e no atendimento às demandas das outras áreas. Saber assessorar as áreas em planos e programas de treinamento e desenvolvimento, e em planos de avaliação e movimentação de pessoal. Saber apoiar executivos em planos para seu desenvolvimento pessoal e profissional. Capacidade para fazer diagnósticos organizacionais, situacionais e, de acordo com eles, levantar necessidades de ações e soluções. Saber atuar como instrutor de treinamento. Saber coordenar comitês de avaliação de cargos e de potencial humano. Capacidade para assessorar consultores externos especializados em gestão de pessoas. Saber elaborar perfis de cargos. Saber elaborar relatórios de atividades. Capacidade para levantar necessidades de melhorias e solução de problemas, e encomendar/elaborar planos de trabalho com base nelas. Saber colaborar com a elaboração e implementação de projetos especializados e/ou inovadores de gestão de pessoas. Saber cuidar do autodesenvolvimento profissional.

4 Habilidades (*competências facilitadoras do saber fazer*)

Possuir habilidade para atuar em assessoria e com espírito de parceria. Desenvolvida habilidade diagnóstica. Facilidade de interagir e se relacionar com áreas e pessoas. Saber dar respostas rápidas e objetivas. Capacidade de improvisar soluções quando necessário. Saber atuar como agente de mudanças. Saber sensibilizar e criar interesses. Capacidade para criar clima participativo. Saber criar ambiente otimista e animado. Saber ouvir e dar *feedback*. Habilidade didática nas atuações de treinamento e desenvolvimento. Facilidade de comunicação verbal e escrita. Habilidade de liderança. Flexibilidade e jogo de cintura.

5 Aptidões (*capacidades mentais, físicas e motoras, inatas e aperfeiçoadas*)

Possuir visão de conjunto. Ser inteligente e prático. Ter raciocínio analítico-dedutivo. Percepção aguçada. Capacidade diagnóstica e avaliativa. Muita criatividade. Boa memória. Ser dinâmico e extrovertido. Ter resistência ao estresse.

6 Competências emocionais

Ter autocontrole emocional bem desenvolvido. Resistência a frustrações. Competência emocional para manter a tranqüilidade em situações de excessiva pressão de tempo e por resultados. Saber manter bom humor e ânimo.

7 Competências sociais

Ter muita disposição para promover e/ou participar de eventos diversos. Disposição para conviver com grupos de profissionais. Sensibilidade situacional. Ser agente de mudanças culturais e comportamentais. Senso de responsabilidade social e ambiental. Saber conviver com pessoas de diferentes níveis e em ambientes sociais diversos. Ser educado e prestativo nas relações sociais. Capacidade de empatia para entender as necessidades das pessoas que lidera e das áreas para as quais presta serviços.

especialista em TI

1 Campo de atuação

Especialista em TI é a denominação moderna dos profissionais das áreas de produção, comercialização e uso de computadores (hardware e software), incluindo os sistemas de comunicação e telecomunicação nelas envolvidos. Nos primórdios, sua área de atuação chamava-se Centro de Processamento de Dados (CPD). Num segundo estágio, ficou conhecida como informática. E agora, tecnologia de informações.

As atividades que envolvem tecnologias de informação são algumas das que mais rápida e profundamente evoluem em todo o mundo. Estão presentes tanto na vida particular das pessoas, nos processamentos operacionais das empresas e nas grandes pesquisas científicas quanto nas comunicações de toda ordem e amplitude verificadas no mundo.

2 Competências técnicas (*domínio de conhecimentos*)

Possuir conhecimentos básicos dos fundamentos matemáticos requeridos pela atividade, dos fundamentos de computação e suas tecnologias, de organização de sistemas computacionais e de equipamentos eletrônicos utilizados nos processamentos computadorizados de informações. Conhecimentos fundamentais de linguagens e técnicas de programação, arquitetura de computadores, estrutura de dados e banco de dados, computação gráfica e multimídia, redes de computadores, segurança de dados, sistemas operacionais. Ter domínio das aplicabilidades das tecnologias de informação nas organizações sociais de modo geral: empresas de negócios, organizações de governo, entidades de ensino, organizações de saúde, usos domésticos etc. Conhecimentos complementares de estatística, legislação aplicada, português e inglês. Conhecimentos básicos de organização empresarial e de programas de qualidade.

3 Competências de atuação profissional (*saber fazer ou atuar, saber aplicar conhecimentos e experiência*)

Possuir desenvolvida e dinâmica visão organizacional. Saber dimensionar estruturas, instalações, equipamentos e usos de sistemas centralizados e descentralizados de tecnologias de informação. Capacidade para planejar, organizar e fazer funcionar os sistemas de forma customizada. Orientar usuários e realizar manutenção de sistemas integrados de comunicação, armazenamento e processamento de dados, incluindo ainda sua distribuição, utilização ampla ou reservada, e os cuidados com a segurança dos dados. Saber dimensionar e orientar o uso de sistemas e aplicativos de TI encontrados prontos no comércio. Capacidade para dar suporte à definição de necessidades, aquisição, instalação, operação e manutenção dos sistemas e programas instalados em organizações e residências. Saber treinar usuários dos sistemas e programas de TI adquiridos ou instalados. Saber diagnosticar e solucionar problemas técnicos e operacionais. Capacidade para trabalhar em parceria com clientes e áreas de interface. Saber prestar suporte técnico às equipes da área. Saber manter um bom esquema de entrosamento e comunicação com os clientes de seus serviços. Capacidade para fazer apresentações/palestras na sua especialidade. Saber manter-se atualizado acompanhando a rápida evolução das TIs.

4 Habilidades (*competências facilitadoras do saber fazer*)

Possuir habilidades intelectuais por excelência (aptidões mentais transformadas em habilidades): grande capacidade analítica, de raciocínio lógico e numérico, assim como de raciocínio abstrato. Desenvolvido senso de organização. Iniciativa, dinamismo e proatividade. Boa capacidade de memorização. Saber atuar em equipe multidisciplinar. Habilidades de comunicação nos aspectos de saber argumentar e explicar com clareza e objetividade questões complicadas para leigos. Capacidade para ser didático e objetivo nas orientações. Saber ser tolerante e paciente com pressões e reclamações. Habilidades de negociação e conciliação. Bom sentido de atuação estratégica e de priorização de tarefas. Ser flexível e adaptável a mudanças e inovações. Habilidade para lidar com pessoas de diversos níveis culturais e hierárquicos. Habilidade didática em exposições e palestras.

5 Aptidões (*capacidades mentais, físicas e motoras, inatas e aperfeiçoadas*)

Possuir aptidões mentais de raciocínio e aptidões físicas bem desenvolvidas (citadas anteriormente). Espírito investigativo. Senso crítico. Aguçada percepção de detalhes.

Destacado senso crítico e de prevenção. Saber ser criativo, apesar do raciocínio lógico e pragmático requerido na atividade.

6 Competências emocionais

Possuir autocontrole emocional em situações de conflito. Capacidade de manter a calma diante de fortes demandas e pressões. Demonstrar serenidade nas explicações e paciência com quem tiver dificuldade de entender os assuntos complexos. Empatia para entender as aflições e tensões dos usuários. Demonstrar segurança ao transmitir informações e dados.

7 Competências sociais

Ter disposição para disseminar conhecimentos úteis às pessoas, às organizações e à sociedade. Senso de responsabilidade social. Habilidades para relacionamentos sociais estratégicos. Saber manter vida social regular, passível de ser prejudicada pelas características da profissão.

Especialista em vendas

1 Campo de atuação

O título de especialista em vendas refere-se aqui ao profissional mais conhecido como vendedor, com a clara intenção de valorizá-lo, de dar-lhe um caráter mais forte de função técnica.

A profissão de vendas – ou de comercialização de produtos – é uma das mais antigas do mundo. A intuição ou necessidade da troca de bens (depois transformada em troca de bens por valores monetários) foi certamente uma das primeiras formas de relação social.

Com a evolução dos tempos, das produções, das tecnologias e dos tipos de negócio, as formas de negociação e vendas também evoluíram. Hoje coexistem formas simples e sofisticadas de vendas.

O mercado de trabalho para especialistas em vendas é imenso e variado. Fica aquecido tanto se a economia e os negócios vão bem quanto se passarem por crises.

Existem as mais variadas formas de venda, desde os contatos pessoais ou abordagens simples até as que envolvem rituais sofisticados e complexos. Para ficar mais claro, imaginemos que competências deve ter quem se envolve com as seguintes situações de venda: de roupas ou eletrodomésticos em lojas; de imóveis; de idéias de projetos; de aviões em países de diferentes línguas e condições econômicas; e de empresas já funcionando.

2 Competências técnicas (*domínio de conhecimentos*)

O especialista em vendas precisa, antes de tudo, conhecer os produtos que negocia (composição, adequações, aplicações ou finalidades etc.) e as características dos mercados de atuação. Ainda como precondição básica, deve estar familiarizado com técnicas de vendas e de marketing, logísticas de entrega e legislações específicas.

Necessária ou complementarmente, dependendo do mercado em que atua e dos tipos de demonstração que precisa fazer, exige-se maior ou menor domínio de língua estrangeira e de informática. Muitas vezes, requerem-se ainda bons conhecimentos de exposição e demonstração de produtos, em feiras, por meio de projeções, visitações etc.

3 Competências de atuação profissional (*saber fazer ou atuar, saber aplicar conhecimentos e experiência*)

Possuir bons conhecimentos das características dos mercados em que atua. Domínio das propriedades, peculiaridades, aplicabilidades e vantagens dos produtos que vende. Capacidade de vislumbrar novas oportunidades de aplicação ou ampliação de vendas dos produtos com que lida. Capacidade de planejar estratégias e/ou criar situações favoráveis para a realização de negócios e vendas. Complementarmente, saber elaborar e executar planos de ação e abordagens. Capacidade de entender mudanças e variações de mercado, bem como identificar oportunidades de negócios. Capacidade para assimilar e memorizar características técnicas e de aplicação dos produtos. Saber lidar com variadas características comportamentais dos clientes. Saber realizar pesquisa em sua área de atuação e efetuar análise de mercado e produtos concorrentes. Saber realizar pós-venda e/ou fazer manutenção das relações de negócios. Capacidade de prestar informações com clareza e objetividade. Saber utilizar formas de comunicação apropriadas. Saber resolver problemas de não conformidade das entregas dos produtos ou serviços. Saber desenvolver qualidade e adequabilidade de atendimento. Capacidade para desenvolver melhores formas de atuação e abordagem. Saber oferecer *feedback* à organização para a qual trabalha. Saber cuidar do aprimoramento profissional.

4 Habilidades (*competências facilitadoras do saber fazer*)

Possuir desenvolvida sensibilidade situacional. Capacidade de estabelecer empatia com os clientes. Capacidade de ser natural ou simpático. Desenvolvida habilidade de relacionamento interpessoal, sendo atencioso, interessado e educado. Capacidade de argumentação e persuasão. Habilidade de adaptação a diferentes culturas e ambientes. Capacidade de adotar posturas adequadas. Desenvolvida habilidade de adequar formas de negociação. Habilidade de mediar interesses. Habilidade para adaptar-se a situações diferentes ou adversas. Habilidade para lidar com números. Boa capacidade de memorização de fatos e dados. Habilidade de questionar sem agressividade. Habilidade didática para orientar.

5 Aptidões (*capacidades mentais, físicas e motoras, inatas e aperfeiçoadas*)

Possuir inteligência analítica. Raciocínio rápido e prático. Capacidade de observação e aguçada percepção de detalhes. Sensibilidade situacional. Senso crítico. Boa capacidade de memorização. Dinamismo. Muita criatividade.

6 Competências emocionais

Ter grande capacidade de controlar as emoções diante de dificuldades e conflitos, mas muita capacidade de entusiasmar-se e manter o bom humor. Competência e sensibilidade para lidar com temperamentos diversos. Autoconfiança, clareza e segurança na exposição das idéias e produtos.

7 Competências sociais

É fundamental ter capacidade e disposição para convivências e relacionamentos sociais. Mostrar-se interessado e prestativo em suas relações. Saber inovar nas abordagens e relações sociais. Capacidade de estabelecer e manter parcerias de trabalho. Saber adotar posturas discretas e conquistar confiança.

farmacêutico

(considerado também farmacêutico-bioquímico)

1 Campo de atuação

Apesar de bem específico, o campo de atuação do farmacêutico, como o da maioria das profissões, tem se ampliado em decorrência da modernidade e das evoluções tecnológicas e sociais.

Inicialmente, atuavam apenas em boticas (daí o nome boticário). Hoje, podem trabalhar no comércio de medicamentos (atuação talvez predominante), em hospitais e serviços de saúde, em indústrias farmacêuticas e de alimentos, em indústrias de cosméticos e produtos higiênicos, em hospitais, em laboratórios de análises clínicas e no magistério.

2 Competências técnicas (*domínio de conhecimentos*)

Conhecimento amplo de farmácia, bioquímica e cosmetologia. Bons conhecimentos de biotecnologia. Boas noções de farmacoeconomia e farmacovigilância. Conhecimentos fundamentais de biologia, física, química, físico-química, botânica, microbiologia e imunologia. Domínio de produção, armazenagem, dispensação e manipulação de medicamentos. Conhecimento dos componentes químicos e farmacêuticos dos medicamentos e suas propriedades. Conhecimento de fracionamento de medicamentos. Domínio dos tipos de sensibilidade de cada medicamento para melhor armazenamento: termolábeis, termoestáveis e fotossensíveis. Conhecimento do uso de instrumentos e objetos nas farmácias e laboratórios farmacêuticos. Conhecimento das técnicas de aplicação de injeções, remédios e realização de curativos. Domínio dos procedimentos de qualidade em sua área de atuação. Conhecimento de segurança do trabalho no que envolve sua atividade. Conhecimento de fontes de informação para pesquisas técnicas em sua área de atuação.

3 Competências de atuação profissional (*saber fazer ou atuar, saber aplicar conhecimentos e experiência*)

Saber organizar e catalogar os produtos e materiais que utiliza nos ensaios e manipulações. Capacidade de manipular materiais e produtos para realizar ensaios, aplicar fórmulas químicas, obter remédios e/ou produtos de beleza, e ainda para aviamento de receitas em farmácias. Saber aplicar corretamente os medicamentos prescritos. Saber elaborar laudos de análises de medicamentos. Capacidade de orientar a aquisição, organização e estocagem de medicamentos em farmácias comerciais e hospitalares. Saber aplicar técnicas de planejamento, organização e controle em suas atividades. Saber efetuar aquisição e administrar estoques de materiais e matérias-primas. Capacidade de elaborar e/ou aperfeiçoar rotinas e procedimentos técnicos e operacionais de farmácia. Saber efetuar os registros necessários e organizar as documentações de farmácia. Saber avaliar e orientar as condições de higiene, de segurança e de riscos na execução de suas atividades. Saber avaliar a validade de produtos. Capacidade para treinar profissionais e distribuir tarefas entre a equipe. Saber interagir com áreas médicas e hospitalares. Capacidade de utilizar recursos de informática em suas atividades. Saber ministrar aulas e palestras.

4 Habilidades (*competências facilitadoras do saber fazer*)

Possuir habilidade de investigação e pesquisa. Saber fazer análises técnicas. Habilidade interpretativa.

Saber calcular riscos. Habilidade organizativa e metodológica. Habilidade manipulativa. Senso de praticidade e versatilidade operacional. Habilidade no trato com pessoas, sendo educado, atencioso e prestativo. Habilidade de comunicação e expressão verbal. Habilidade para compartilhar informações. Capacidade de manter calma e serenidade no trabalho. Habilidade para conquistar a confiança de outros. Saber assumir responsabilidades.

5 Aptidões (*capacidades mentais, físicas e motoras, inatas e aperfeiçoadas*)

Possuir inteligência analítica. Raciocínio lógico e dedutivo. Capacidade avaliativa e de discernimento. Capacidade de concentração mental. Aguçada percepção de detalhes. Ser metódico e meticuloso nas ações. Destreza e perícia manual. Perfeccionismo. Boa memória para dados e fisionomias. Saber alternar introversão e extroversão. Resistência física e a estresse.

6 Competências emocionais

Possuir estabilidade emocional para transmitir calma e harmonia aos clientes e colaboradores. Ser comedido nas atitudes. Demonstrar segurança em situações de risco. Ter firmeza nos gestos físicos e controle manual. Demonstrar sensibilidade ao lidar com o sofrimento humano.

7 Competências sociais

Ter sensibilidade situacional. Ser agente de mudanças culturais e comportamentais. Responsabilidade social e ambiental. Saber interpretar e respeitar normas e legislações. Ser sociável e saber cultivar relacionamentos. Ser educado e prestativo em suas relações. Ser desprovido de preconceitos.

fisioterapeuta

1 Campo de atuação

Fisioterapia é uma atividade paramédica, que tem se desenvolvido com a modernidade e com a evolução cultural, econômica e tecnológica da sociedade. Há uma crescente tomada de consciência, com auxílio das diversas mídias, sobre a importância de tratar do bem-estar físico e da melhoria na qualidade de vida. De outro lado, os cuidados com as condições físicas dos atletas de várias modalidades são mostrados com mais freqüência pela televisão. Cresce também o uso da fisioterapia associada ao tratamento médico. A profissão de fisioterapeuta é uma das que tem seu campo de atuação aumentado com a modernidade e a melhoria das condições de vida.

Os campos de atuação dos fisioterapeutas se expandem gradativamente, e os principais são: em consultórios clínicos especializados, em hospitais, em centros recreativos, esportivos e de reabilitação, em clubes e em escolas.

2 Competências técnicas (*domínio de conhecimentos*)

Os conhecimentos técnico-científicos fundamentais para o exercício da profissão de fisioterapia são: fisiologia, anatomia e semiologia do corpo humano, encontrados na biofísica, bioquímica, cinesiologia e biomecânica.

Os fisioterapeutas devem ter ainda conhecimentos e técnicas para atuar em conjunto com especialidades médicas, como: geriatria, ginecologia e obstetrícia, neurologia, ortopedia, traumatologia e reumatologia.

De forma mais específica, os fisioterapeutas precisam desenvolver bons conhecimentos de funcionamento dos órgãos e sistemas do corpo humano em suas mais abrangentes formas de expressão, os já mencionados conhecimentos fundamentais de fisiologia, anatomia e semiologia, assim como dos recursos e procedimentos mais utilizados na fisioterapia.

Devem ter, complementarmente, bons conhecimentos dos comportamentos humanos associados às doenças com as quais a fisioterapia lida.

3 Competências de atuação profissional (*saber fazer ou atuar, saber aplicar conhecimentos e experiência*)

Saber estabelecer relações entre a tecnologia e métodos de sua ciência com a saúde humana. Saber acolher as pessoas e diagnosticar disfunções ou problemas físicos que requerem atuação da fisioterapia, por meio de entrevistas, observações visuais e exames locais. Capacidade para promover a saúde motora e o bem-estar dos indivíduos de modo amplo. Saber localizar ou identificar os caminhos, as seqüências e os procedimentos a ser seguidos no tratamento fisioterápico. Saber empregar agentes físicos diversos (água, calor, eletricidade etc.) nas massagens e exercícios realizados durante os tratamentos que desenvolve. Capacidade de atuar em equipes quando em tratamento clínico conjugado. Saber realizar tratamentos específicos e localizados indicados por médicos ou por diagnóstico próprio. Saber posicionar os clientes de acordo com o tipo e a ordem de tratamento a ser feito. Saber orientar a prevenção de debilidades, limitações funcionais, incapacidades e deficiências em indivíduos. Capacidade para recuperar movimentos de pessoas com utilização de métodos próprios. Saber estabelecer prioridade de atendimento para casos emergenciais. Saber elaborar laudos e pareceres técnicos. Capacidade para realizar pesquisa em sua área de atuação. Saber cuidar do autodesenvolvimento profissional.

4 Habilidades (*competências facilitadoras do saber fazer*)

O fisioterapeuta precisa ter fundamentalmente habilidade manual, uma vez que as mãos são sua ferramenta principal. Devem saber usar recursos desta habilidade para minimizar o sofrimento dos clientes. Habilidades físicas e motoras num sentido mais amplo. Habilidade em relaxar as pessoas para início de tratamentos. Habilidade diagnóstica. Habilidade para posicionar e reposicionar os clientes conforme seqüência do tratamento. Desenvolvida capacidade de empatia para entender os incômodos e as preocupações das pessoas. Desejável habilidade coloquial para manter conversações durante as sessões de massagem. Senso de higiene, limpeza e organização no trabalho. Habilidade didática nas orientações de tratamento. Habilidade para estabelecer variadas formas de relacionamento.

5 Aptidões (*capacidades mentais, físicas e motoras, inatas e aperfeiçoadas*)

Deve possuir agilidade física e motora. Destreza manual. Raciocínio analítico-dedutivo. Senso organizacional. Aguçada percepção de detalhes. Dinamismo operacional. Boa capacidade de observação. Ser metódico, detalhista, discreto, atencioso e extrovertido.

6 Competências emocionais

Saber lidar com as características de personalidade das pessoas. Sensibilidade para lidar com o sofrimento humano. Capacidade para manter a calma e o bom humor diante do sofrimento humano. Saber solidarizar-se com as pessoas.

7 Competências sociais

Ser acolhedor e amigável. Possuir visão de educação continuada no trabalho. Senso de responsabilidade social. Ser educado e prestativo em suas relações. Não ter qualquer preconceito pessoal. Ser confiável e discreto. Ser agente de mudanças culturais e comportamentais.

Geólogo

1 Campo de atuação

Geólogo é o profissional que mais tem o pé no chão (é provável que alguém já tenha feito essa brincadeira), pois é aquele que lida com a terra. Além de estudar a natureza física e química da terra, essa profissão está ligada às atividades econômicas voltadas a localizar e extrair, ou explorar, os recursos naturais existentes no solo. Por exemplo, petróleo, carvão e metais, como ferro, ouro, cobre e urânio, entre os de maior quantidade e valor econômico. Mas há outra variedade de materiais também de razoável valor econômico que são extraídos da terra, como argilas, asbesto, cloro, enxofre, mica, quartzo e outros.

São diversos os ramos de conhecimento envolvidos na formação e/ou áreas de interesse dos geólogos, a exemplo de: cartografia geológica, geodesia, geofísica, geologia ambiental, geologia do petróleo, geoquímica, hidrogeologia, mineralogia, paleontologia, sismologia.

O geólogo tem, pois, diversificado campo de atuação. Pode trabalhar para empresas de governos ou privadas e como profissional autônomo. Pode atuar em área técnica, de modo especial como pesquisador, ou ter função semelhante a do engenheiro, ou em função gerencial, como consultor, e pode atuar também como professor.

2 Competências técnicas (*domínio de conhecimentos*)

Para exercer bem sua profissão, do ponto de vista da competência técnica, o geólogo precisa dominar os conhecimentos básicos da área (geomorfologia, mineralogia, geoquímica, topografia, desenho geológico); de matemática, física, química e biologia; e ainda os conhecimentos especializados do ramo ou dos ramos de atividade que seguir, como mineração, geologia ambiental, geologia do petróleo, hidrogeologia, geologia de engenharia etc.

Deve dominar os instrumentos e as ferramentas mais utilizados pelas atividades profissionais de geólogo, como mapas, instrumentos de medição e de cálculos, eventualmente bússolas, sismógrafos e outros do gênero. Nestes tempos modernos, como a maioria dos profissionais, tem de saber lidar com instrumentos de computação, incluindo softwares apropriados ou específicos. Atuando em consultorias e no magistério, precisa aplicar conhecimentos específicos e auxiliares de comunicação e projeção.

3 Competências de atuação profissional (*saber fazer ou atuar, saber aplicar conhecimentos e experiência*)

Possuir ampla visão dos objetivos e responsabilidades da profissão. Saber estabelecer relações entre ciência, tecnologia e sociedade. Grande capacidade de estudo, orientação de pesquisa e disposição espiritual e física para atuar no campo, ao ar livre, na natureza. Deve ter um pouco de espírito de bandeirante. Desenvolvida capacidade de identificação de tipos de solos e materiais da terra. Saber efetuar análises físicas, químicas e geológicas para diversas finalidades e aplicações. Saber elaborar, interpretar, analisar, validar ou modificar desenhos técnicos. Capacidade para utilizar de forma segura os equipamentos e instrumentos de geologia. Saber elaborar laudos das análises dos materiais com que trabalha. Saber identificar fontes relevantes de informações. Capacidade para elaborar pareceres técnicos sobre assuntos relacionados à sua especialidade. Saber utilizar métodos estatísticos para apresentação de resultados. Saber orientar a aquisição, organização e estocagem de materiais, equipamentos e instrumentos utilizados na atividade. Capacidade para avaliar as condições de segurança nas atividades que executa e/ou orienta. Saber compartilhar/disseminar conhecimentos. Capacidade para definir estratégias de atuação. Saber cuidar do autodesenvolvimento profissional.

4 Habilidades (*competências facilitadoras do saber fazer*)

É fundamental ter senso de curiosidade científica e de sentido de orientação analítica. Habilidade para compreender e discernir dados e elementos quantitativos e qualitativos. Habilidade de investigação e pesquisa. Desenvolvida habilidade diagnóstica e interpretativa. Habilidade para estabelecer correlação entre fatos e situações. Desenvolvida habilidade de raciocínio avaliativo e crítico. Saber fazer análises tanto intuitivas quanto técnicas. Saber calcular riscos. Habilidade organizativa e metodológica. Habilidade manipulativa. Senso de praticidade e versatilidade operacionais.

5 Aptidões (*capacidades mentais, físicas e motoras, inatas e aperfeiçoadas*)

Deve possuir inteligência espacial. Raciocínio lógico e dedutivo. Aguçada percepção de detalhes. Capacidade avaliativa e de discernimento. Capacidade de concentração mental. Ser metódico e meticuloso nas ações. Destreza e perícia física. Dinamismo operacional. Resistência à fadiga e ao estresse.

6 Competências emocionais

Ter capacidade de mostrar-se frio e realista diante dos fatos. Saber fazer análises comedidas. Saber fazer reparos críticos com serenidade. Capacidade para conviver com situações desconfortáveis, adversas ou agressivas.

7 Competências sociais

Sociabilidade não é uma característica forte do geólogo, na medida em que suas atividades ocorrem predominantemente no campo. Sente-se mais à vontade em ambientes e com pessoas mais simples. Mesmo atuando em pesquisas, em laboratórios e centros de estudo, tende a uma atuação mais introspectiva. Nas funções de consultor e professor, precisa de mais cuidado nos relacionamentos sociais.

Jornalista

1 Campo de atuação

Os jornalistas exercem suas atividades em locais diversos e de forma variada. Atuam predominantemente em três mídias: jornais e revistas impressos, existentes em muitos formatos; emissoras de rádio; e emissoras de televisão. Trabalham também em agências de notícias, em atividades autônomas ou independentes, como prestadores de serviço, assessores de imprensa e na Internet – um novo campo que se abriu. Escritores, economistas, artistas e outros profissionais costumam atuar na mídia como articulistas ou apresentadores, muitos já com o registro profissional.

O campo de jornalistas tem se ampliado muito com o crescimento de publicações de jornais de empresas, de bairros, de associações, de clubes etc., além de revistas especializadas.

2 Competências técnicas (*domínio de conhecimentos*)

Essa profissão especializada e destacada da comunicação social requer diversas competências técnicas em diferentes tipos de atividades. As mídias impressas (revistas e jornais) solicitam duas capacidades básicas: captar informações e notícias e apresentá-las de forma escrita – com auxílio de imagens fotográficas –, dentro de dimensões e estilos mais ou menos predefinidos. A mídia falada (rádios) difere da escrita por apresentar notícias, reportagens e entrevistas em tempo real e de forma verbalizada, com mais fortes pinturas verbais (para compensar a ausência de imagem), não podendo faltar as pitadas de sensacionalismo comuns a todas. As mídias televisivas incorporam um pouco das competências das outras duas mídias, mas se caracterizam fortemente por poder apresentar visualmente as imagens, seja nas reportagens, na apresentação de textos, nas entrevistas ou nos debates – o que pode requerer alguma competência cênica.

O jornalismo apresentado pelo conjunto das três mídias requer, por assim dizer, um envolvimento enciclopédico, tal a quantidade e variedade de assuntos com que lidam ou que apresentam: programas de ensino, artes diversas (música, dança, folclore), lazer (shows, esportes, viagens), ciências exatas, economia e finanças, liderança e gestão, alimentação, saúde, moda, comércio etc.

O jornalismo é cada vez mais favorecido pela evolução das tecnologias, o que, por sua vez, requer mais competências técnicas de seus profissionais.

Em resumo, o jornalismo exige conhecimentos técnicos de reportagem, de redação, de comunicação e animação verbal, de condução de entrevistas e debates, principalmente. Todos com auxílio de imagens fotografadas, narradas e televisionadas.

As matérias de sua formação técnico-profissional incluem: teoria da comunicação, história do jornalismo, fotojornalismo, planejamento gráfico, técnicas de codificação, informática, língua portuguesa, economia e outras.

3 Competências de atuação profissional (*saber fazer ou atuar, saber aplicar conhecimentos e experiência*)

Saber realizar a captação e tratamento escrito, oral, visual ou gráfico de fatos e informações, utilizando algumas técnicas específicas em qualquer uma de suas formas e variedades: preparação de pautas, apuração de dados, redação de textos ou falas e edição. Capacidade para identificar situações de interesse, bem como buscar e localizar fontes de informação. Saber movimentar-se agilmente para registrar fatos e obter informações. Capacidade de planejar roteiros para a realização de reportagens e matérias especiais direcionadas a revistas, jornais ou à televisão. Saber realizar entrevistas em diversas circunstâncias – planejadas ou improvisadas, presenciais, por telefone, por e-mail etc. Saber expressar-se verbalmente ou por escrito, de forma clara e objetiva. Capacidade de lidar com dificuldades para cumprir as pautas jornalísticas. Saber utilizar recursos auxiliares de gravação, fotografia e digitação de textos. Saber sintetizar informações nas entrevistas e reproduzi-las com veracidade e qualidade. Capacidade para lidar com diferentes assuntos no trabalho. Saber adequar-se às condições do ambiente em que atua. Disposição e capacidade para lidar, nas reportagens, com situações dramáticas ou drásticas, como acidentes, incêndios, conflitos sociais, entre outros. Saber realizar pesquisas em sua área de atuação. Saber administrar bem o tempo e outros recursos utilizados.

4 Habilidades (*competências facilitadoras do saber fazer*)

Possuir habilidade de organização e exposição das idéias. Muita habilidade para a redação e exposição verbal. Versatilidade intelectual. Desenvolvido senso de observação. Habilidade para captar situações de maior interesse. Capacidade de analisar e interpretar situações. Habilidade de assimilação de idéias e conhecimentos. Habilidade para elaborar estratégias de ações e movimentações. Versatilidade postural, ou jogo de cintura, para se ajustar a diferentes demandas ou situações. Habilidade para ajustar formas de relacionamento em diferentes situações e com diferentes tipos de pessoas e grupos. Habilidade investigativa. Demonstrar criatividade e inovação nos métodos de atuação. Habilidade para "saca-rolhar" informações nas entrevistas. Saber estabelecer correlação entre fatos e situações. Capacidade de adotar atitudes ousadas. Ser proativo. Saber manter o bom humor em situações desfavoráveis.

5 Aptidões *(capacidades mentais, físicas e motoras, inatas e aperfeiçoadas)*

Possuir inteligência geral (visão de conjunto), abstrata e prática. Habilidade de raciocínio analítico-dedutivo, bem como de raciocínio verbal. Inteligência espacial. Aguçada capacidade de observação e percepção de detalhes. Muita presença de espírito. Muito dinamismo e energia vital. Pensamento criativo. Senso de curiosidade.

6 Competências emocionais

A competência emocional para conviver com situações adversas ou agressivas deve ser bem desenvolvida. Saber manter a calma em situações tensas, de maus tratos e outros desconfortos. Ter controle emocional diante de desastres diversos. Capacidade para resistir a pressões no trabalho. Saber demonstrar empatia em relação aos problemas das pessoas com quem lida profissionalmente.

7 Competências sociais

Possuir muita disponibilidade e habilidade para relacionamentos sociais em diversas circunstâncias, mais ou menos agradáveis. Ser desprovido de qualquer preconceito. Mostrar isenção ideológica em suas atuações. Saber assumir responsabilidades sociais. Ser agente de mudanças culturais e comportamentais. Saber manter reserva de situações delicadas.

1 Campo de atuação

A medicina é uma das profissões mais antigas do mundo. Hipócrates, considerado seu pai ou patrono, viveu por volta do ano 300 antes de Cristo; no Brasil, o ensino oficial da medicina remonta ao início do século XIX. Não é sem razão, afinal a medicina lida com a manutenção ou restauração da saúde humana, que pode ser ameaçada em várias fases ou em várias circunstâncias.

O campo de atuação é um dos mais vastos, com cerca de cinqüenta especialidades. Entre as mais tradicionais estão: angiologia, cardiologia, oncologia, clínica médica, dermatologia, endocrinologia, gastroenterologia, ginecologia e obstetrícia, nefrologia, oftalmologia, ortopedia e traumatologia, otorrinolaringologia, pediatria, psiquiatria, reumatologia, tisiologia e urologia. Entre as especialidades consideradas modernas temos: cirurgia da cabeça e do pescoço, cirurgia plástica, geriatria, medicina do trabalho, medicina esportiva, medicina nuclear, sexologia etc.

A atuação dos médicos ocorre mais tradicionalmente em clínicas, hospitais, ambulatórios e como professores de escolas especializadas. Mais recentemente, também em serviços médicos de empresas, clubes esportivos, navios transatlânticos, entre muitos outros lugares e circunstâncias.

2 Competências técnicas (*domínio de conhecimentos*)

Possuir conhecimento amplo de anatomia humana. Conhecimentos básicos de biologia humana. Conhecimentos de semiologia, fisiologia humana e fisiopatologia. Conhecimento referencial do estado de saúde humana, incluindo os indicadores gerais básicos e aqueles das partes do organismo que compõem a especialidade. Conhecimento dos efeitos das disfunções orgânicas desses referenciais em outras partes do organismo. Domínio dos meios e métodos utilizados para diagnosticar disfunções orgânicas, incluindo observações obtidas do paciente ou acompanhantes, manifestações e aparências externas do corpo, exames clínicos, laboratoriais e imaginológicos. Conhecimento das referências técnicas para analisar exames clínicos e radiológicos e daquelas destinadas a conhecer a propriedade e aplicação de remédios (farmacologia). Conhecimentos de técnicas cirúrgicas. Conhecimentos técnicos para indicação de regimes alimentares e cuidados físicos para preservação da saúde. Conhecimento de metodologia científica aplicada à medicina. Conhecimento de normas regulamentadoras da profissão. Conhecimento dos códigos de ética da medicina.

3 Competências de atuação profissional (*saber fazer ou atuar, saber aplicar conhecimentos e experiência*)

Ter desenvolvida capacidade de compreender a dimensão psicológica e social do processo saúde–doença. Saber fazer diagnósticos de estado de saúde com base em manifestações e sintomas físicos e psicológicos, em resultados de exames clínicos, laboratoriais, radiológicos e em exames feitos com recursos diferenciados. Saber fazer anamneses objetivas. Saber indicar tratamentos específicos para diferentes estados de saúde. Capacidade para realizar cirurgias individuais e em equipe dentro da respectiva especialidade médica. Saber solicitar os exames apropriados para diagnosticar estados de saúde, de caráter geral ou especializado. Capacidade para orientar e acompanhar tratamentos de saúde. Saber prescrever medicamentos e tratamentos de acordo com a situação de cada paciente. Saber orientar medidas preventivas de doenças. Capacidade para lidar com sofrimento e emoções humanas. Saber elaborar laudos, relatórios e pareceres técnicos. Saber cuidar preventivamente da própria saúde por conviver constantemente com doenças e sofrimento. Saber orientar o trabalho de enfermeiros e auxiliares médicos. Capacidade para orientar campanhas de prevenção de doenças. Saber fazer apresentações em reuniões técnicas e eventos de medicina.

médico

4 Habilidades (*competências facilitadoras do saber fazer*)

Demonstrar capacidade de ouvir e sentido de empatia. Elevada capacidade diagnóstica, sabendo fazer perguntas, buscar informações e fazer análises objetivas. Saber lidar com aflição e sofrimento humanos, mantendo a tranqüilidade e mostrando habilidade para confortar adequadamente as pessoas. Saber acalmar e colocar os pacientes à vontade. Demonstrar sensibilidade diante dos processos de decadência física e psicológica das pessoas. Saber criar ambiente de descontração em situações tensas. Ser acolhedor. Inspirar confiança pelas atitudes. Saber ser didático nas orientações aos pacientes. Adaptabilidade a diferentes situações e ritmos de trabalho. Saber estabelecer correlação entre fatos. Habilidade investigativa. Capacidade de fazer avaliações. Capacidade de estudo e de assimilação de conhecimentos. Habilidade organizativa de dados e informações. Saber administrar bem o tempo. Habilidade multidisciplinar.

5 Aptidões (*capacidades mentais, físicas e motoras, inatas e aperfeiçoadas*)

Possuir inteligência analítica. Raciocínio lógico e dedutivo. Capacidade de observação e aguçada percepção de detalhes. Elevada aptidão psicomotora. Capacidade sensorial e de concentração mental. Senso crítico. Destreza e perícia manuais. Ser metódico e perfeccionista nas ações. Ter boa memória para dados e fisionomias. Saber alternar introversão e extroversão. Ter resistência física e ao estresse.

6 Competências emocionais

É preciso ter, como característica básica, muita capacidade de controle das emoções. Ter este domínio especialmente diante de sofrimentos, emoções e pressões de familiares de pacientes. Firmeza nos gestos físicos e controle manual. Demonstrar sensibilidade diante das ansiedades, angústias e desespero das pessoas. Saber transmitir tranqüilidade à equipe. Capacidade de trabalhar sob tensão. Ter empatia ao lidar com pacientes e suas individualidades. Autodomínio físico para operações manuais delicadas.

7 Competências sociais

Demonstrar sensibilidade situacional ou desenvolvida sensibilidade social para entender os fenômenos que afetam a saúde das pessoas. Facilidade de relacionamento e convivência social. Elevado senso de responsabilidade social para envolver-se com campanhas de saúde pública. Relacionar-se responsavelmente com colegas a fim de evitar mal-entendidos e suas conseqüências. Capacidade de sensibilizar e influenciar pessoas e grupos. Sensibilidade para campanhas de saúde pública. Ser desprovido de preconceitos humanos e sociais. Demonstrar sentido de cidadania. Ter disposição para ser agente de mudanças culturais e comportamentais. Saber administrar informações sigilosas. Ter disposição para sacrificar a vida social.

Nutricionista

1 Campo de atuação

A profissão de nutricionista é uma das que poderíamos chamar de profissão moderna, e que passa por um momento bastante favorável de valorização. Isso ocorre pelas seguintes razões: i) grande parte da população está tomando consciência, com a ajuda das mídias, da importância dos cuidados com a alimentação, por razões de saúde e também de estética corporal; ii) cresce o número de empresas que fornece refeição aos empregados em restaurantes próprios, normalmente dirigidos por nutricionistas; iii) em virtude do aumento da concorrência para preparar e fornecer refeições nas empresas – em regime de terceirização –, as organizações especializadas têm se aprimorado em melhorar a qualidade das refeições, assim como o atendimento aos usuários, estando os nutricionistas totalmente envolvidos com esse movimento; iv) cresce também o número de hospitais e hotéis, que vêm descobrindo a conveniência de ter nutricionistas em seus quadros.

Portanto, os nutricionistas estão com tudo e não "estão prosa", como se diz popularmente. E a tendência é que o mercado de trabalho melhore muito no futuro, considerando que o Brasil deverá crescer economicamente e evoluir social e culturalmente nos próximos tempos. O número de empresas, hospitais, hotéis e restaurantes – campo de trabalho principal de nutricionistas – deverá aumentar quantitativa e qualitativamente.

2 Competências técnicas (*domínio de conhecimentos*)

Os conhecimentos técnico-científicos fundamentais desta profissão são: ciência da nutrição e da alimentação, engenharia de alimentos, técnicas dietéticas, biologia, química, saúde pública, noções de economia, de administração, de psicologia e de estatística.

De modo mais específico, nutricionistas devem ter conhecimentos amplos da propriedade dos alimentos e de seus efeitos na saúde das pessoas. Conhecimento da organização de uma cozinha industrial e das condições de estocagem dos alimentos. Conhecimento das técnicas de preparação e cozimento dos alimentos. Conhecimento das fontes de fornecimento dos alimentos e insumos para a cozinha. Conhecimento de formas de higienização de alimentos e refeitórios. Conhecimento das técnicas de formar e conduzir equipes de cozinha e refeitórios.

3 Competências de atuação profissional (*saber fazer ou atuar, saber aplicar conhecimentos e experiência*)

Ter visão de conjunto da organização e funcionamento de cozinhas industriais, restaurantes e refeitórios coletivos. Conhecer bem as características ou especificidades de restaurantes de hospitais, hotéis, indústrias e comércio alimentar. Ter muito bom conhecimento das propriedades, da combinação dos alimentos e de seus efeitos na saúde das pessoas. Saber planejar, organizar e adequar cardápios para diferentes situações, em função do tipo de organização e comensais, de culturas regionais, dos recursos disponíveis e de tipos de comemoração. Saber avaliar a qualidade dos alimentos adquiridos e então preparados. Capacidade para elaborar e aplicar orientações nutricionais a pessoas que fazem regime de saúde. Saber orientar a aquisição, organização e estocagem dos alimentos, além de avaliar condições de higiene de pessoas, objetos e condições físicas das cozinhas e refeitórios. Saber treinar profissionais para atuar em restaurantes e refeitórios. Capacidade para distribuir tarefas e organizar escalas de trabalho. Saber apurar e controlar os custos das refeições. Possuir domínio e saber aplicar a legislação sanitária e as normas do Ministério do Trabalho. Capacidade para ministrar palestras sobre educação alimentar. Saber utilizar recursos de informática aplicados ao trabalho.

4 Habilidades (*competências facilitadoras do saber fazer*)

Possuir habilidades de liderança. Habilidades organizativas. Habilidade para solucionar problemas práticos. Habilidade para improvisar soluções. Habilidades de negociação em compras. Habilidade para administrar conflitos. Saber ser flexível nas posturas e atitudes. Mostrar espírito preventivo e proatividade. Dinamismo bem administrado. Habilidade para adotar postura exigente. Habilidade didática para dar orientações, esclarecimentos e palestras.

5 Aptidões (*capacidades mentais, físicas e motoras, inatas e aperfeiçoadas*)

Possuir inteligências prática e espacial. Raciocínio lógico e dedutivo. Aguçada percepção de detalhes. Capacidade visual e olfativa. Resistência à fadiga.

6 Competências emocionais

Saber controlar as emoções. Capacidade de manter o bom humor. Ser paciente com os problemas dos subordinados e também com usuários exigentes e reclamadores.

7 Competências sociais

Demonstrar criatividade e entusiasmo nas promoções e comemorações festivas promovidas pelo refeitório. Manter-se bem humorado nas variadas formas de relação. Demonstrar sensibilidade e empatia em relação às necessidades alimentares das pessoas.

Professor

1 Campo de atuação

O campo de atuação do professor é ao mesmo tempo vasto e restrito: vasto pela quantidade e variedade de situações de ensino; restrito em razão das especialidades.

A maior ou menor amplitude de trabalho depende das matérias que se lecionam. O mercado de trabalho para professores de língua estrangeira, especialmente inglês, cresce a olhos vistos. Assim como para professores universitários e de escolas infantis. Há também uma tendência de valorização das profissões técnicas de nível médio, o que fará crescer o ensino em escolas profissionais. O mercado para professores de ensino fundamental igualmente tende a crescer, uma vez que ainda é muito grande a população que não freqüenta regularmente as escolas dos ensinos fundamental e médio. O número de vagas para professores também poderá crescer quando sua remuneração melhorar, desobrigando os que estão em atividade a trabalhar em excesso – uma das causas da baixa qualidade do ensino, diga-se de passagem.

Como se vê, são promissoras as possibilidades de crescimento do mercado de trabalho para professores. Tanto quantitativa quanto qualitativamente.

Vi em algum lugar uma observação parecida com esta: "a profissão de professor é uma das mais importantes, tendo em vista que as demais profissões dependem dela".

As perspectivas de mercado de trabalho se ampliam mais ainda ao considerarmos que professores atuam também como administradores escolares, supervisores de ensino, em orientação educacional e em educação especial, lembrando que é muito grande o número de instituições de ensino que precisam contar com essas funções.

2 Competências técnicas (*domínio de conhecimentos*)

Possuir conhecimentos básicos de organização e legislação escolar. Conhecimentos de princípios fundamentais da educação. Conhecimentos fundamentais de pedagogia e didática. Domínio de técnicas e métodos para preparar e ministrar aulas e atividades escolares complementares. Bons conhecimentos de psicologia educacional. Conhecimentos profundos das matérias que leciona. Conhecimentos básicos de cultura social. Domínio das características de comportamentos de crianças e jovens. Conhecimentos de gramática. Ter amplo vocabulário.

3 Competências de atuação profissional (*saber fazer ou atuar, saber aplicar conhecimentos e experiência*)

Saber elaborar programas de ensino e planos de cursos e aulas, incluindo as matérias específicas e os objetivos educacionais e instrucionais a ser alcançados. Saber planejar, organizar e preparar atividades escolares e de aprendizagem para realizar os programas definidos. Capacidade para adequar as atividades escolares às diferentes situações e realidades encontradas (nível da classe, nível intelectual e social dos alunos/aprendizes, recursos didáticos existentes etc.). Saber preparar e aplicar programas e atividades didáticas e métodos de atuação apropriados a cada objetivo, bem como apropriados para a criação e manutenção de interesse dos alunos. Saber ensinar alunos/aprendizes a estudar e tomar gosto pelos estudos. Capacidade para identificar e recomendar os materiais didáticos a serem utilizados nos programas. Saber adequar, preparar e aplicar provas de avaliação de aprendizagem. Capacidade para lidar com as características de comportamento das fases de idade e de gerações. Saber agir como multiplicador de idéias e inspirador de atitudes. Saber identificar problemas comportamentais e buscar soluções para eles. Capacidade para realizar pesquisa na respectiva área de atuação. Desenvolvida capacidade de estudo.

4 Habilidades (*competências facilitadoras do saber fazer*)

É preciso ter muita habilidade para expor claramente idéias e argumentos. Habilidade de expressão verbal e corporal para dar mais qualidade e ênfase às apresentações. Habilidade para criar interesse, expectativas e atenção nos alunos. Desenvoltura para animar as atividades de ensino. Ter habilidade tanto para tencionar quanto para descontrair a turma de aprendizes. Habilidade humorística. Habilidade de relacionamento interpessoal, sendo educado, atencioso e sociável. Habilidade para se expressar escrita e verbalmente. Saber manter a disciplina com recursos técnicos e habilidades pessoais. Habilidade organizativa. Habilidade mental para lidar com conceitos e premissas. Saber adequar-se às condições do ambiente. Capacidade de aprendizagem e memorização. Habilidade de observação e discernimento nas avaliações. Habilidade para estabelecer correlação entre fatos. Habilidade para administrar conflitos. Habilidade multidisciplinar. Saber administrar bem o tempo.

5 Aptidões (*capacidades mentais, físicas e motoras, inatas e aperfeiçoadas*)

Possuir inteligências analítica e dedutiva. Agilidade mental. Bom raciocínio conceitual, verbal, numérico e lógico. Capacidade de observação. Perspicácia. Aguçada percepção de detalhes. Criatividade. Entusiasmo. Dinamismo. Extroversão.

6 Competências emocionais

Possuir capacidade e estabilidade para lidar com emoções/sentimentos de pessoas. Capacidade para não perder a tranqüilidade diante de agressões e desrespeito de alunos. Capacidade de não deixar transparecer problemas pessoais nas aulas. Saber manter a disciplina com serenidade.

7 Competências sociais

Ter senso de responsabilidade social. Ser agente de mudanças culturais e comportamentais. Demonstrar sensibilidade para lidar com as limitações dos indivíduos. Saber ser sociável e acessível. Demonstrar empatia ao lidar com pessoas e suas individualidades. Ter responsabilidade social. Saber interpretar normas e legislações. Ser desprovido de qualquer preconceito.

Psicólogo

1 Campo de atuação

O psicólogo – que, dependendo de sua linha de atuação, pode ser também chamado de psicanalista ou psicoterapeuta – lida com a ciência voltada a compreender o funcionamento da mente humana e seus meandros. Com os conhecimentos adquiridos no curso básico de psicologia e nos cursos e treinamentos complementares de especialização e aperfeiçoamento, amplia suas possibilidades de atuação profissional: psicologia clínica, social, educacional, fisiológica, do trabalho, organizacional, entre outras.

As atividades profissionais do psicólogo, com a dimensão anteriormente mostrada, podem ser encontradas em clínicas de tratamento psicológico, instituições de ensino, hospitais, empresas públicas e privadas (em diversas funções dentro da área de RH ou gestão de pessoas), clubes e também, de forma crescente, nas mídias escritas e faladas.

Pelo fato de que muita gente se mete a entender e/ou explicar o comportamento humano nas relações entre os indivíduos, costuma-se dizer – certamente como uma brincadeira – que todo mundo tem um pouco de psicólogo, tal como se diz que todo mundo tem um pouco de médico, quando pessoas se metem a dar receitas.

2 Competências técnicas (*domínio de conhecimentos*)

Para exercer bem sua profissão e atividades, o psicólogo deve ter conhecimentos fundamentais de: psicologia geral e experimental, teorias psicológicas que explicam os comportamentos humanos, psicologia do desenvolvimento, psicologia educacional, psicopatologia, fisiologia, técnicas psicoterápicas, e também de didática e estatística.

Ao atuar em empresas, precisa se aperfeiçoar no entendimento das relações da psicologia com a seleção, adaptação, treinamento, carreira e recompensas de pessoal, e ainda com relações humanas no trabalho. O psicólogo deve ter bons conhecimentos dos tipos de testes psicotécnicos e psicológicos aplicados para orientação de tratamentos, assim como para orientação de seleção e adaptação de pessoas nas organizações. É importante dominar também as técnicas de entrevistas e de ouvir, de estimular atitudes de autodesenvolvimento e de aconselhamento.

Mais do que se exige das demais profissões no que concerne à constante atualização profissional, por meio de literatura técnica e participação em congressos, os psicólogos, especialmente os que atuam em clínicas, devem se dedicar a um constante programa de autodesenvolvimento pessoal – chamado de supervisão – com psicólogos ou psicanalistas mais qualificados e experientes.

É importante que o psicólogo mantenha-se atualizado e atento aos fatos políticos, sociais e econômicos, para poder relacioná-los, quando oportuno, com o comportamento das pessoas.

3 Competências de atuação profissional (*saber fazer ou atuar, saber aplicar conhecimentos e experiência*)

Saber estabelecer relações entre ciência e sociedade; mais especificamente, saber observar, analisar e entender comportamentos sociais e humanos do ponto de vista psicológico e psicossocial. Saber atuar clinicamente aplicando técnicas e métodos psicoterápicos, visando minimizar incômodos, angústias e sofrimentos íntimos das pessoas. Capacidade para trabalhar com técnicas de autoconhecimento, a fim de ajudar as pessoas a se conhecer, a entender e a saber conviver com suas características pessoais. Saber adequar métodos de psicanálise e psicoterapia a diferentes situações. Capacidade de prestar assessoria psicológica em entidades nas quais a adequação e o comportamento humanos são fundamentais para seus bons resultados. Saber assessorar e orientar entidades e programas educacionais também do ponto de vista do comportamento humano. Saber atuar em terapias de casais e de famílias. Capacidade para realizar análises, avaliações e diagnósticos de características psicológicas, ou de comportamentos situacionais, com base em testes psicotécnicos e de personalidade e/ou entrevistas. Saber elaborar laudos psicológicos e/ou pareceres técnicos com dados de avaliações feitas. Saber identificar necessidades e realizar pesquisas externas na respectiva área de atuação. Capacidade para conduzir reuniões de diagnóstico e terapia de grupo. Saber conduzir entrevistas para levantamento de competências, habilidades e aptidões pessoais requeridas pelas profissões e cargos. Saber organizar e manter arquivos de avaliação e acompanhamento de pacientes. Capacidade de ministrar cursos e palestras sobre assuntos de sua especialidade. Saber orientar o autodesenvolvimento.

4 Habilidades (*competências facilitadoras do saber fazer*)

Ter bastante capacidade de ouvir associada com capacidade de estabelecer empatia com pacientes. Saber inspirar confiança nos pacientes nas diversas atuações. Saber deixar as pessoas à vontade. Possuir desenvolvida habilidade diagnóstica, para estabelecer correlação entre fatos e situações e habilidade de raciocínio analítico e crítico. Ser educado, atencioso e gentil no trato com as pessoas. Ter desenvolvida perspicácia e capacidade de observação e muita habilidade didática e para orientação.

5 Aptidões (*capacidades mentais, físicas e motoras, inatas e aperfeiçoadas*)

Possuir inteligência geral e aptidão analítico-dedutiva desenvolvida. Capacidade de sínteses mentais. Aguçada percepção de detalhes. Desenvolvido *feeling*. Ser metódico. Ter boa memória.

6 Competências emocionais

Possuir desenvolvida sensibilidade para lidar com emoções/sentimentos das pessoas. Grande capacidade de autocontrole emocional para conviver com manifestações de várias formas incômodas ou agressivas. Resistência emocional para suportar lidar continuamente com o sofrimento humano. Domínio emocional para não deixar transparecer sentimentos aos pacientes e entrevistados. Habilidade para administrar conflitos emocionais.

7 Competências sociais

Possuir grande senso de responsabilidade social. Habilidade para estabelecer e manter relações sociais. Ser rigorosamente sigiloso quanto às informações dos pacientes. Ser desprovido de qualquer tipo de preconceito. Ser agente de mudanças culturais e comportamentais. Interessar-se por campanhas e movimentos destinados ao aperfeiçoamento de relações sociais e comportamentos humanos.

Químico

1 Campo de atuação

É uma das profissões das chamadas ciências exatas que têm grandes possibilidades de contribuir para o funcionamento e progresso da sociedade. A química se faz presente em variadas organizações, como nos laboratórios que, além de poderem se constituir em organizações ou negócios próprios, compõem a estrutura de indústrias em geral (farmacêuticas, têxteis, químicas, petroquímicas, de alimentos e bebidas etc.) e de hospitais, principalmente. Freqüentemente, essas empresas contam com químicos, ainda que para ocupar cargos com títulos diferentes – analistas ou supervisores de laboratório, analistas de processos, analistas industriais, supervisores de produção etc. A área de atuação dos químicos se estende também a centros de pesquisa diversos, consultorias ambientais e magistério. Sua atividade profissional é, muitas vezes, associada com atividades das áreas de biologia e de farmácia.

2 Competências técnicas (*domínio de conhecimentos*)

É grande a quantidade de matérias que compõem a formação técnica do químico. Para o exercício de suas atividades profissionais em laboratórios de análises de saúde, análises industriais e centros de pesquisas físico-químicas, eis o principal conjunto de conhecimentos técnicos e científicos especializados que este profissional deve dominar: química analítica, química orgânica e inorgânica, biofísica, química medicinal, química ambiental e mineralogia, além de conhecimentos básicos de desenho, matemática e física.

Faz parte também da competência técnica do químico o conhecimento de procedimentos, dos equipamentos e instrumentos utilizados em suas atividades, bem como o conhecimento de substâncias e matérias-primas mais utilizadas nas análises químicas – seus elementos e características, suas combinações e reações, e os produtos que podem daí ser gerados.

Complementarmente, o químico deve possuir conhecimentos de literatura química; dos princípios de instrumentação, sistemas de controle e automação; conhecimentos básicos de economia aplicados à indústria química; conhecimentos de segurança do trabalho e questões de preservação do meio ambiente que envolvem seu ramo de atuação.

3 Competências de atuação profissional (*saber fazer ou atuar, saber aplicar conhecimentos e experiência*)

Possuir ampla visão dos objetivos e responsabilidades da profissão. Saber estabelecer relações entre ciência, tecnologia e sociedade. Capacidade para atuar em pesquisa e desenvolvimento em centros de pesquisa e universidades. Saber efetuar análises físicas, químicas e microbiológicas para diversas finalidades e aplicações. Capacidade para elaborar, interpretar, analisar, validar ou modificar formulações de produtos. Saber ler e interpretar desenhos técnicos. Saber interpretar leis e normas. Saber utilizar de forma segura os equipamentos e instrumentos químicos. Capacidade para identificar fontes relevantes de informações. Saber interpretar a linguagem simbólica da química. Saber reconhecer aspectos químicos relevantes na interação do ser humano, individual e coletivo, com o ambiente. Saber utilizar métodos estatísticos para apresentação de resultados. Capacidade para identificar as técnicas de amostragem e manuseio das amostras. Saber elaborar laudos das análises que efetua. Capacidade para orientar a aquisição, organização e estocagem de materiais, equipamentos e instrumentos utilizados. Saber aplicar técnicas de planejamento, organização e controle. Saber avaliar as condições de segurança na execução de suas atividades. Saber elaborar pareceres técnicos, assessorando as diversas áreas da organização sobre assuntos relacionados à sua especialidade. Saber atuar preventivamente e evitar riscos. Saber compartilhar/disseminar conhecimentos. Capacidade para definir estratégias de atuação. Saber cuidar do autodesenvolvimento profissional.

4 Habilidades (*competências facilitadoras do saber fazer*)

É fundamental ter senso de curiosidade científica e de orientação analítica. Habilidade para compreender e discernir dados e elementos quantitativos e qualitativos, por meio de relações proporcionais. Habilidade para estabelecer correlação entre elementos e situações. Habilidade de abstração para lidar com conceitos teóricos. Habilidade organizativa. Habilidade de investigação para encontrar inconsistências. Habilidade didática para dar orientações. Habilidade multidisciplinar. Habilidade de avaliação e julgamento.

5 Aptidões (*capacidades mentais, físicas e motoras, inatas e aperfeiçoadas*)

Possuir agilidade mental. Facilidade de raciocínio numérico e estatístico. Grande capacidade de concentração e de extrapolação mental. Aguçada percepção de detalhes. Ser detalhista na execução de tarefas e assertivo em suas análises.

6 Competências emocionais

Demonstrar clareza e segurança na exposição de suas idéias e pressupostos. Possuir empatia ao lidar com clientes internos e externos.

7 Competências sociais

Ter responsabilidade social e ambiental. Ser educado e prestativo nas relações pessoais. Ser agente de mudanças culturais e comportamentais. Demonstrar criatividade e inovação de metodologia de trabalho. Representar e assessorar a empresa com ética e lealdade. Saber compartilhar/disseminar conhecimentos.

Secretária executiva

1 Campo de atuação

No caso dessa profissão, não há muito o que dizer sobre campo de atuação (como foi tratado com a maioria das profissões aqui apresentadas). É preciso caracterizar essa profissão por dois aspectos peculiares: i) nível da posição, ou seja, se é secretária de diretor, de superintendente ou de presidente; ii) se lhe é exigido falar apenas a língua portuguesa, ou se precisa falar fluentemente também uma ou duas línguas estrangeiras.

As secretárias executivas têm um vasto campo de atuação, na medida em que estão presentes nas estruturas de médias e grandes organizações públicas ou privadas, de todos os ramos de atividades, mesmo naquelas sem fins lucrativos. As secretárias perderam um pouco de terreno com a onda de racionalização organizacional no período mais crítico da crise econômica e de reengenharia, quando houve considerável redução de estruturas nas empresas privadas. Até porque muitas posições gerenciais também foram reduzidas; diretores e gerentes também perderam emprego. Mas tal fato não diminui a importância nem elimina a necessidade desses cargos, tanto de gerentes e diretores executivos quanto de secretárias executivas. Mais uma vez lembrando que, com o inevitável e prolongado aquecimento da economia brasileira, as empresas existentes deverão crescer e outras novas surgirão.

Cabe comentar também que tem havido um movimento para enriquecer e valorizar a função e o papel das secretárias, dando-lhes uma condição quase de assessoras de seus executivos, o que requer um aumento de suas competências.

2 Competências técnicas (*domínio de conhecimentos*)

As secretárias de executivos devem ter bons conhecimentos de organização empresarial, sistemas e processos de gestão, relações públicas e institucionais, contabilidade, administração de pessoal, marketing e dos negócios da empresa em que trabalha.

Mais especificamente, precisam dominar técnicas de: uso de programas de informática, organização de arquivos, redação, tradução, organização de reuniões, atendimento, dentre outras.

As secretárias executivas precisam ter ainda bons conhecimentos do funcionamento das estruturas da empresa ou entidade, de seus fluxos e de suas normas e princípios organizacionais, além de dominar português e inglês, e o idioma do país de origem da empresa em que trabalha (alemão, francês, japonês etc.).

3 Competências de atuação profissional (*saber fazer ou atuar, saber aplicar conhecimentos e experiência*)

Possuir boa visão da filosofia e de aspectos da cultura organizacional da empresa. Ter bom entendimento dos estilos de direção da empresa e de atuação de seus executivos. Saber aplicar técnicas de planejamento, organização e controle na sua área de atuação. Saber organizar e controlar informações e documentos. Saber administrar os trabalhos auxiliares da secretaria. Capacidade para organizar encontros, entrevistas e reuniões, além de eventos e viagens. Saber administrar a agenda de executivos. Saber formular textos diversos, de acordo com a solicitação de seu superior. Saber prestar informações básicas sobre os tipos de negócios e atividades da empresa. Capacidade para secretariar reuniões gerenciais. Saber realizar arquivo e banco de dados. Saber manter sigilo das informações a que tem acesso. Saber manter interface constante com as áreas e gerências, trocando informações, resolvendo pendências, entre outras medidas. Saber assimilar e viabilizar novas formas de trabalho para melhorias/otimização de fluxos, processos e atividades, racionalização de materiais, redução de custos e qualidade no atendimento. Saber estabelecer prioridades. Capacidade para colaborar com solução de assuntos particulares do executivo ou executivos a que presta assessoria e serviços. Saber cuidar do autodesenvolvimento profissional.

4 Habilidades (*competências facilitadoras do saber fazer*)

Ter grande sensibilidade situacional e facilidade de ajustamento de situações, agendas e compromissos. Saber triar entrevistas e selecionar prioridades. Ter criatividade para improvisar soluções. Ser diligente no acionamento de soluções. Possuir habilidade para recepcionar pessoas com simpatia e elegância. Mostrar habilidade e autoconfiança para lidar com diversos níveis hierárquicos. Habilidade de influenciar e obter respeito. Habilidade para se expressar clara e objetivamente, tanto de forma oral quanto escrita. Habilidade de relacionamento interpessoal. Habilidade para estabelecer esquemas de trabalho. Habilidade para administrar conflitos. Ser exigente e disciplinada. Habilidade para trabalhar sob pressão. Habilidade multifuncional.

5 Aptidões (*capacidades mentais, físicas e motoras, inatas e aperfeiçoadas*)

Possuir inteligência analítica. Raciocínio rápido e prático, espacial e numérico. Capacidade de observação e aguçada percepção de detalhes. *Feeling* situacional. Senso crítico. Dinamismo. Boa memória.

6 Competências emocionais

É fundamental ter autocontrole emocional para conviver com variadas situações de conflito. Capacidade emocional para conviver e lidar com temperamentos diversos. Desenvolvida empatia para perceber tensões e sentimentos das pessoas com quem lida.

7 Competências sociais

Capacidade de se apresentar adequadamente de acordo com o ambiente e as situações. Saber manter discrição sobre situações e comportamentos. Saber adaptar-se a mudanças culturais e comportamentais. Demonstrar senso de responsabilidade social. Saber ser educado e prestativo nas suas relações. Saber estabelecer e manter parcerias de trabalho.

Sociólogo
(Bacharel em ciências sociais)

1 Campo de atuação

O sociólogo é um dos três especialistas das ciências sociais (além do antropólogo e do cientista político). Profissão que tem seu campo de atuação voltado à compreensão do comportamento humano na sociedade, ou seja, dos fenômenos que ocorrem quando as pessoas interagem entre si nos grupos sociais. Os resultados das pesquisas e estudos sociológicos, matéria-prima principal da sociologia, podem interessar a governos, empresas, escolas, mídias, entidades e, de modo mais específico, a administradores, empresários, jornalistas, médicos, planejadores, políticos, professores e sacerdotes.

O campo de atuação dos sociólogos pode ser bastante amplo, especialmente em sociedades mais organizadas e interessadas em evoluir.

2 Competências técnicas (*domínio de conhecimentos*)

Como conhecimentos mais amplos e básicos, esse profissional precisa ter boas noções de fundamentos da ciência social e das sociologias organizacional, econômica, política, da educação, do trabalho, urbana e rural, ambiental, das artes etc.

Outros conhecimentos mais específicos que o sociólogo deve desenvolver: conhecimentos de geografia humana, de história econômica, política e social; conhecimento amplo de culturas socioeconômicas; conhecimentos de comportamento humano, psicologia social e psicologia aplicada à educação; além de teorias e práticas de liderança e gestão de pessoas.

Também precisa conhecer, no que se refere à aplicação ou operacionalização técnica, fundamentalmente: técnicas de pesquisa, técnicas estatísticas e técnicas de análise e apresentação de resultados.

3 Competências de atuação profissional (*saber fazer ou atuar, saber aplicar conhecimentos e experiência*)

Saber relacionar a sociologia com outras ciências humanas. Saber estabelecer relações entre ciência e sociedade. Capacidade para elaborar, orientar e coordenar projetos atinentes à realidade social. Saber estudar fenômenos sociais com finalidades bem definidas. Saber perceber e entender as condições e transformações do meio sociocultural em que o indivíduo age e reage. Capacidade para realizar diagnósticos de movimentos e comportamentos de grupos e sociedades. Saber analisar os processos de formação, evolução e extinção dos grupos sociais. Saber planejar e realizar pesquisas em sua área de atuação. Saber avaliar comportamentos sem prejulgar. Capacidade para aplicar técnicas de planejamento, organização e controle em suas atividades. Saber opinar e/ou elaborar pareceres sobre assuntos técnicos estudados. Saber organizar e implementar pesquisas diversas. Saber elaborar artigos e relatórios técnicos. Capacidade para fazer apresentações verbais. Saber participar de grupos de estudos. Saber cuidar do autodesenvolvimento.

4 Habilidades (*competências facilitadoras do saber fazer*)

Possuir sensibilidade situacional. Capacidade de observação e interpretação de fatos e situações. Capacidade, complementar ou associadamente, de discernimento, avaliação e diagnóstico desses fatos e situações. Capacidade para estabelecer correlação entre os fatos. Habilidade investigativa e de curiosidade. Habilidade de comunicação e expressão verbal e escrita. Habilidade didática. Habilidade associativa e para relacionamentos. Habilidade multidisciplinar.

5 Aptidões (*capacidades mentais, físicas e motoras, inatas e aperfeiçoadas*)

Possuir inteligência geral e visão de conjunto. Capacidade perceptiva. Raciocínio lógico e analítico-dedutivo. Capacidade de síntese. Senso crítico. Senso de curiosidade. Metódico. Boa memória.

6 Competências emocionais

Ter sensibilidade para entender as razões dos comportamentos e sofrimentos humanos e capacidade de analisá-los e interpretá-los tecnicamente. Em outras palavras, capacidade de ter empatia com realidades sociais. Autocontrole emocional para lidar com situações tensas.

7 Competências sociais

Possuir senso de responsabilidade social e ambiental. Muita disponibilidade participativa. Ser agente de

Sociólogo

mudanças culturais e comportamentais. Ser desprovido de qualquer preconceito.

Sugestão de exercício de autoconhecimento

1 Dê uma nova lida no perfil de sua profissão e se autoavalie:

Acredito ter uma competência global correspondente a aproximadamente .... % do perfil de minha profissão (considerar de 0 a 100%).

2 Em que pontos se considera mais forte:

2.1 Em competências:

a) ....
b) ....
c) ....
d) ....
e) ....
f) ....

g) ....
h) ....
i) ....

2.2 Em habilidades:

a) ....
b) ....
c) ....
d) ....
e) ....
f) ....
g) ....
h) ....
i) ....

2.3 Em aptidões:

a) ....
b) ....
c) ....
d) ....

e) ....
f) ....
g) ....
h) ....
i) ....

2.4 Em competências emocionais:

a) ....
b) ....
c) ....
d) ....
e) ....
f) ....
g) ....
h) ....
i) ....

2.5 Em competências sociais:

a) ....
b) ....

c) ....
d) ....
e) ....
f) ....
g) ....
h) ....
i) ....

3 Defina algumas idéias e diretrizes de autodesenvolvimento profissional e pessoal:

3.1 ....
....
....
....
....
....

3.2 ....
....
....

3.3 ....

4 Que providências/ações adotar:

5 Buscar ajuda/apoio de quem e como:

....
....
....
....
....
....
....

bibliografia

AMARAL, Sofia Esteves. *Virando gente grande*. São Paulo: Gente, 2004.

BRIDGES, William. *Creating You & co*. Nova York: Perseus Book, 1999.

CORTELLA, Mário Sérgio. *Não nascemos prontos*. Rio de Janeiro: Vozes, 2006.

DUBOIS, David D. *Competency-based performance improvement*. Amherst Road: HRD Press, 1993.

FIGUEIREDO, Ana Beatriz Freitas. *Orientação vocacional*. Rio de Janeiro: Qualitymark, 2003.

LEBOYER, Claude Levy. *Gestión de las competencias*. Barcelona: Gestión, 2000.

MATOS, Jorge; PORTELA, Vânia. *Talento para a vida*. Rio de Janeiro: Human Learning, 2001.

PELLETIER, D. *et al. Desenvolvimento vocacional e crescimento pessoal*. Rio de Janeiro: Vozes, 1978.

RESENDE, Enio. *Competência, sucesso, felicidade*. São Paulo: Summus, 2008a.

_____. *O livro das competências*. Rio de Janeiro: Qualitymark, 2000.

_____. *O papel dos empresários no desenvolvimento do Brasil*. São Paulo: Summus, 2008b.

_____. *As 4 principais lideranças da sociedade e suas competências*. São Paulo: Summus, 2008c.

ROMÃO, César. *Sonhando & realizando*. São Paulo: Gente, 1998.

SILVA, Ozires. *Carta a um jovem empreendedor*. Rio de Janeiro: Elsevier, 2006.

SOUZA, César. *Você é o líder de sua vida*. Rio de Janeiro: Sextante, 2007.

SPENCER JR.; LYLE, M.; SPENCER, Signe M. *Competence at work*. Nova York: John Wiley and Sons, 1993.

VÁRIOS AUTORES. *A essência da autoconfiança*. São Paulo: Martin Claret, 2001.

------------------------ dobre aqui ------------------------

CARTA-RESPOSTA
NÃO É NECESSÁRIO SELAR

O SELO SERÁ PAGO POR

AC AVENIDA DUQUE DE CAXIAS
01214-999 São Paulo/SP

------------------------ dobre aqui ------------------------

COMPREENDENDO O SEU CHÁ

CADASTRO PARA MALA-DIRETA

Recorte ou reproduza esta ficha de cadastro, envie completamente preenchida por correio ou fax, e receba informações atualizadas sobre nossos livros.

Nome: _____ Empresa: _____
Endereço: ☐ Res. ☐ Coml. _____ Bairro: _____
CEP: _____ - _____ Cidade: _____ Estado: _____ Tel.: ( ) _____
Fax: ( ) _____ E-mail: _____ Professor? ☐ Sim ☐ Não Disciplina: _____
Profissão: _____ Data de nascimento: _____

1. Você compra livros:
☐ Livrarias ☐ Feiras
☐ Telefone ☐ Correios
☐ Internet ☐ Outros. Especificar: _____

2. Onde você comprou este livro? _____

3. Você busca informações para adquirir livros:
☐ Jornais ☐ Amigos
☐ Revistas ☐ Internet
☐ Professores ☐ Outros. Especificar: _____

4. Áreas de interesse:
☐ Educação ☐ Administração, RH
☐ Psicologia ☐ Comunicação
☐ Corpo, Movimento, Saúde ☐ Literatura, Poesia, Ensaios
☐ Comportamento ☐ Viagens, Hobby, Lazer
☐ PNL (Programação Neurolinguística)

5. Nestas áreas, alguma sugestão para novos títulos? _____

6. Gostaria de receber o catálogo da editora? ☐ Sim ☐ Não

7. Gostaria de receber o Informativo Summus? ☐ Sim ☐ Não

Indique um amigo que gostaria de receber a nossa mala direta

Nome: _____ Empresa: _____
Endereço: ☐ Res. ☐ Coml. _____ Bairro: _____
CEP: _____ - _____ Cidade: _____ Estado: _____ Tel.: ( ) _____
Fax: ( ) _____ E-mail: _____ Professor? ☐ Sim ☐ Não Disciplina: _____
Profissão: _____ Data de nascimento: _____

Summus Editorial
Rua Itapicuru, 613 7º andar 05006-000 São Paulo - SP Brasil Tel. (11) 3872-3322 Fax (11) 3872-7476
Internet: http://www.summus.com.br e-mail: summus@summus.com.br

recorte aqui

cole aqui